Mon Histoire

Portrait en couverture : Pierre-Marie Valat

Dominique Joly

À la cour de Louis XIV

JOURNAL D'ANGÉLIQUE DE BARJAC, 1684-1685

GALLIMARD JEUNESSE

Versailles, ce mercredi 11 octobre de l'an 1684

*C*e matin, au saut du lit, j'ai eu l'envie irrésistible de prendre la plume et de coucher sur le papier tout ce que ma pauvre tête contenait. Les onze coups viennent de sonner à mon horloge en bronze et me voilà toujours penchée sur mon écritoire à noircir des pages et des pages. C'est plus fort que moi, je ne puis plus m'arrêter ! Ma plume court si vite qu'elle endolorit mon poignet. Qu'importe ! Son crissement me fait du bien. Il m'apaise et m'aide à mettre de l'ordre dans mes idées.

Depuis hier je me trouve « en ce pays-ci », c'està-dire au château de Versailles, auprès de notre roi Louis le quatorzième.

Lorsqu'en début d'après-dînée, les sabots des chevaux du carrosse ont tinté sur les pavés de la place d'Armes, ma marraine m'a pris le bras et m'a soufflé doucement à l'oreille :

– Nous arrivons, ma petite Angélique...

Petite Angélique ? Elle aurait plutôt dû dire ma <u>toute</u> petite Angélique, tant j'étais recroquevillée au fond du carrosse, morte de timidité et de frayeur. Le lieu où la voiture s'engouffrait à vive allure se déployait sous mes yeux comme dans un rêve. Des immenses façades en pierre dorées par le doux soleil d'automne, des toits gigantesques aux reflets bleu sombre, des balustrades interminables. Tout semblait si beau et si grandiose !

En un éclair, les moments les plus intenses qui précédèrent mon arrivée ici me sont revenus en mémoire. L'adieu à Margotte, ma chère servante, les yeux noyés de larmes, les dernières caresses à Pimpin, mon chien adoré que je dus me résoudre à laisser après bien des pleurs. Et surtout, il y a quelques semaines, le visage grave et l'air solennel de marraine lorsqu'elle me demanda de la suivre dans le salon jaune.

– Je dois vous parler et j'exige de votre part une grande attention.

N'était-ce pas mon habitude ? Quelle mouche avait donc piqué ma chère marraine, d'ordinaire si douce ?

– Il est temps à présent de parfaire l'éducation que Mlle de La Source vous a transmise avec autant de dévouement que de clairvoyance, continua-t-elle avec la même autorité. Vous savez que ma famille, les

Saint-Marc, a tissé depuis fort longtemps des relations avec les Orléans, branche cadette de la grande famille à laquelle appartient notre roi. C'est donc grâce à leurs faveurs que je peux jouir d'une position fort enviable à la cour...

Ma patience était à rude épreuve. Je me tortillai sur le tabouret, tirai sur la dentelle de ma manche, croisai, décroisai les jambes... Où diantre voulait-elle en venir ?

– ... Et j'ai eu la grande chance de me faire introduire il y a quelque temps auprès de Madame, épouse de Monsieur, frère de notre roi, avec laquelle je suis entrée en grande amitié...

Elle parlait lentement, comme si elle avait tout son temps, et moi qui bouillais d'impatience !

– ... Alors qu'elle est assaillie chaque jour par les solliciteurs qui lui demandent d'intervenir à tout propos pour faire valoir leurs intérêts, elle m'a prodigué avec une infinie bonté toute sa considération. À partir d'octobre, Angélique, vous ferez partie de sa suite comme demoiselle d'honneur. Vous recevrez ainsi l'éducation d'une future dame de qualité appelée à vivre dans l'entourage royal.

Mon sang ne fit qu'un tour. Il vint empourprer mes joues qui devinrent brûlantes de plaisir et d'excitation. Sans réfléchir, je me jetai à son cou et, dans mon élan, la serrai aussi fort que je pus. À gorge déployée, elle rit de me voir si heureuse, mais l'instant fut de courte durée. La gravité figea une nouvelle fois son beau visage et elle me pria de me rasseoir.

– Ça n'est pas tout, ma chère Angélique...

Dès cet instant-là, les muscles de son long cou se tendirent à l'extrême. Elle luttait pour éviter de se laisser submerger par une émotion devenue brusquement trop forte.

– ... Vous savez l'affection que je vous porte et qui nous lie depuis si longtemps...

Elle se tut puis reprit :

– Vous aviez à peine deux ans lorsque votre père, mon cousin, à l'article de la mort, vous confia à moi. Le pauvre ! J'étais son unique parente depuis que votre mère avait disparu, fauchée par la fièvre quelques mois auparavant. Au fond de son lit, il me révéla un secret que je promis de garder aussi longtemps que je le jugerais nécessaire. Aujourd'hui, il me semble que l'heure est venue de vous le confier. Ma chère Angélique...

Moi aussi, je me crispai. Mon front se plissa et mon cœur se mit à battre plus fort quand elle prit ma main, y déposa délicatement un gros médaillon en or et replia doucement mes doigts sur l'objet.

2 heures de l'après-dînée

– *T*oc, toc, toc ! C'est Dorine, votre nouvelle servante !

Ce bruit de l'autre côté de la porte me fit lever la tête et lâcher ma plume.

Un visage rond et rieur apparut dans l'entrebâillement de la porte et je sus presque instantanément que cette personne, au service de plusieurs filles d'honneur logeant à l'étage, serait envers moi pleine de bienveillance.

– J'ai une assiette de ragoût de poule sur mon potager. Il est pour vous, si vous le désirez, mademoiselle Adeline.

– Angélique, ai-je répliqué en souriant, Angélique de Barjac !

– Mais oui, c'est cela... où ai-je la tête ? Votre marraine, Mme de Saint-Marc, me l'a bien dit et, surtout, elle m'a fait jurer de ne pas vous laisser mourir de faim ! Alors, je vous l'apporte le ragoût ?

Je n'avais guère le choix. Presque aussitôt, elle revint une assiette fumante dans les mains, exhalant une odeur qui m'ouvrit l'appétit.

Quelques bouchées suffirent, je repoussai vite mon assiette et repris le fil de mon récit. Presque instinctivement, je plongeai la main dans le gros sac où était entassé tout mon bric à brac. Et je reconnus du bout des doigts la petite aumônière en velours où était déposé le fameux médaillon d'or. Il était l'objet auquel je tenais le plus au monde. Ma mère, paraît-il, ne le quittait jamais et il contenait une mèche de ses cheveux que je me plaisais souvent à faire glisser entre mes doigts et à poser sur ma joue. Je le plaçai à côté de mon encrier et continuai...

– Est-ce là le secret ? demandai-je émue et, à vrai dire, assez déçue, en relevant la tête vers marraine.

– Non, ma fille, le secret n'est pas un objet mais il se trouve dans les profondeurs de la conscience de vos parents.

Je fronçai les sourcils pour signifier que je n'entendais pas grand-chose à son savant verbiage. Elle le comprit vite.

Je restai bouche bée et face à mes yeux interrogateurs, elle précisa :

– Vous n'êtes pas sans savoir que notre roi a décidé d'extirper de son royaume, le protestantisme. Or, toute votre famille originaire du Languedoc est protestante depuis plusieurs générations...

Elle reprit son souffle et poursuivit :

– Cela veut dire que votre père et votre mère, au moment de votre naissance, se sont convertis au catholicisme. Oh ! certes pas par conviction, mais par obligation ! Ils l'ont décidé pour vous protéger et assurer votre avenir...

Elle me prit dans ses bras, me berça comme elle le faisait lorsque j'étais enfant et me souffla à l'oreille :

– Ne divulguez jamais ce secret, Angélique, à qui que ce soit. Jamais. Même à quelqu'un qui vous est très cher. Encore moins à Versailles. Vous me le jurez ?

– Mais, mais... – j'avais du mal à cacher mon trouble – Que doit donc être ma religion, alors ?

– Celle que vous avez toujours eue, pardi ! La catholique, voyons !

Après tout ce qu'elle venait de me dire, cela ne paraissait pas aussi évident que cela !

Je pris sur moi, restai un long moment silencieuse. Puis je soulevai ma poitrine pour respirer et, les épaules redressées, je fis jaillir de ma gorge un « oui » franc et assuré.

En quelques minutes, il me semblait que j'avais vieilli de plusieurs années et qu'il me fallait digérer deux grandes nouvelles apprises presque coup sur coup : mon départ à la cour et le protestantisme de mes parents et de toute ma famille. Quelle histoire !

Le jour commence à tomber et le bougeoir qui trône sur la commode de ma chambre est vide. Je dois arrêter là pour aujourd'hui et demander à Dorine une bonne réserve de chandelles.

Jeudi 12 octobre

Je commence à m'habituer à ma chambrette même si elle est petite et inconfortable. Dorine m'a fait comprendre que j'étais fort bien lotie grâce sans doute à l'intervention de marraine auprès de Bontemps. C'est le valet de chambre du roi et il est très fier de l'une de ses prérogatives qu'il ne cédera à quiconque : distribuer des logements aux gens de la cour.

– De quoi vous plaignez-vous, jolie demoiselle ? m'a-t-elle lancée alors que je grelottais ce matin. Voyez comme votre vue est dégagée, elle donne sur la cour de l'apothicairerie. Et la cheminée ! Savez-vous qu'il y en a très peu, ici ? Et puis, rudement bien située avec ça. Une chambre en haut des escaliers et juste à côté de la fontaine où vous pouvez puiser de l'eau quand bon vous semble. Que demander de plus ?

Je n'ai rien répondu mais je n'en pensais pas moins… Quel changement avec ma chambre quai des Célestins à Paris !

Cette nuit, j'ai été réveillée en sursaut trois fois. Par des ronflements dans la chambre à ma gauche (il me tarde de voir la tête de l'auteur d'un tel vacarme), par le bruit des cuvettes à la fontaine et par des grattements à l'étage au-dessus : sûrement des campagnols ou, pire, des rats… Quelle horreur !

Vendredi 13 octobre

Ce matin, de bonne heure, marraine a fait irruption dans ma chambre. J'ai eu du mal à avaler le bol de bouillon brûlant apporté par Dorine et à m'habiller à toute vitesse. On ne fait pas attendre Mme de Saint-Marc, surtout lorsqu'elle se trouve à la cour !

Prenant des airs de grande importance, elle m'a annoncé qu'elle me présenterait à Madame dans trois jours. Avant cela, il était in-dis-pen-sable (elle a bien détaché les syllabes) que je prenne connaissance des lieux.

Jusqu'à présent, il est vrai que je me suis contentée d'explorer avec Dorine le bâtiment où je me trouve, la grande aile du Midi, ou du moins ce que l'on peut en voir. Des couloirs sans fin parcourus par des livreurs, fournisseurs, serviteurs et courtisans. Et même des chèvres et des vaches, en chair et en os, qu'on a fait venir jusque-là ! Incroyable !

– C'est pour qu'elles donnent leur lait aux Enfants de France, pardi, quand les nourrices ne suffisent plus ! m'expliqua Dorine, surprise de mon étonnement. Ici, c'est une vraie pouponnière, ajouta-t-elle, depuis que sont nés les petits-enfants du roi : le duc de Bourgogne va sur ses trois ans et le duc d'Anjou marche à peine...

– Meuh ! Meuh ! vas-tu avancer, boudiou ! hurlait le bouvier, aiguillonnant en plein couloir sa belle vache normande peu habituée à se mouvoir dans un palais.

Le spectacle était cocasse. Il me plaisait tant que Dorine a dû me tirer le bras plusieurs fois pour continuer la visite.

Où en suis-je dans mon récit déjà ? Ah, oui, marraine…

– Êtes-vous prête ? interrogea-t-elle, installée au fond de l'unique fauteuil de la chambre, la main agitant un bel éventail de soie.

J'avais, à ce moment-là, la tête dans la cuvette remplie d'eau froide… N'entendait-elle pas le bruit de mes ablutions ? Difficile d'aller plus vite !

Dehors, elle me prit le bras et m'entraîna tambour battant vers les parterres du Midi. De là, la vue est magnifique. Des tapis de verdure en arabesques encadrent un bassin circulaire et au fond, s'étend la splendide pièce d'eau des Suisses. En me voyant si admirative, marraine respira d'aise et quitta son masque de raideur qui lui allait si mal.

Les jardiniers semblaient être comme dans une ruche. Ils allaient et venaient dans tous les sens.

– L'hiver approche, déclara marraine avec sérieux. Tous les orangers des jardins doivent être remisés dans l'orangerie avant les premières gelées. Le roi les a fait venir ici à grands frais et il y tient beaucoup…

Le gravier blanc crissait sous nos pas et l'air était léger. Ma tête bourdonnait à force de voir tant de nouveauté et de magnificence.

– Ne vous attendez pas à apercevoir le roi ces jours-ci, poursuivit-elle, un peu comme Mlle de la Source lancée dans de longues explications… Il est parti depuis quelque temps à Chambord, puis à Fontaine-bleau pour la saison de la chasse. Une grande partie de la cour l'a suivi. C'est pour cela que tout paraît morne et désert ici. Rien de l'effervescence habituelle !

Dès que je tournais un peu la tête, mon regard se posait sur des splendeurs : ifs taillés en cônes, massifs flamboyants de fleurs d'automne, sculptures à l'an-tique hissées sur leurs piédestaux, colonnes et balus-tres rythmant les façades du château. Tout est si beau en ce pays-ci ! Jamais je ne me lasserai de contempler autant de magnificence !

Le rythme de marche que marraine m'imposait m'obligeait presque à courir en permanence pour rester à ses côtés. Elle connaît l'endroit comme sa poche et y allait au pas de charge.

Un garde suisse vêtu d'une livrée rouge nous a autorisées à entrer dans le corps central du palais, opinant de la perruque d'un air entendu. Pendant qu'elle débitait un tas de conseils, une question me revenait sans cesse : comment allais-je faire pour m'habituer à cet endroit, être à la hauteur de la charge qu'on m'avait confiée ? Tout cela était si écrasant !

– Méfiez-vous des voleurs, ma petite Angélique, ils rôdent partout car, ici, tout le monde ou presque peut entrer, à condition de porter un chapeau et une épée de côté pour les hommes. Quant aux femmes, il suffit d'avoir déposé son tablier à l'entrée ! C'est peu dire ! Fermez votre chambre, demandez à Dorine de la surveiller, on ne sait jamais. Savez-vous que des gredins vont même jusqu'à couper les franges dorées des rideaux avec de bons couteaux et que, réguliè-rement, des boutons de vestes en diamant ou des boucles en argent de souliers sont chapardés ?

Je n'écoutais que d'une oreille car cette déambu-lation me glaçait d'effroi. Marraine, toute à son plai-sir de dame de cour, était bien loin de comprendre ce que je ressentais. Elle me livrait à la cour de France, persuadée de me faire un cadeau inestimable, coupant ainsi le lien fort qui nous unissait depuis longtemps. Elle était ma seule parente et je me sentais abandonnée par elle.

Heureusement, il y a ce cahier broché qu'elle m'a offert et que je suis en train de noircir. Le jour de mon départ, je l'ai accepté, un peu perplexe, en me demandant bien ce que j'allais y écrire. Or, depuis mon arrivée, il me plaît d'y consigner mes impressions. Cela m'aide à accepter cette nouvelle vie dont j'ignore tout.

Lundi 16 octobre,
7 heures du soir

J'ai hâte que cette journée s'achève. Pour la petite nouvelle à la cour de France que je suis, elle a été épuisante et si impressionnante !

Marraine m'a chaperonnée, comme elle a pu, au sein de cette famille d'Orléans que j'ai « le grand honneur de servir », comme elle se plaît à le répéter. En fait, si elle aime tant rabâcher cela, c'est qu'elle envie ma place. Au même âge que le mien, il aurait été tout à fait à son goût, je crois, de se trouver ainsi du jour au lendemain propulsée dans le cercle le plus étroit de l'entourage royal.

Moi, cela me fait trembler et me donne envie d'être à quatre lieues sous terre. Il faut la voir, les yeux brillants d'excitation, pérorer, chercher les bons mots pour faire sourire, prendre des postures convenues. Bref, se prêter à un jeu qui m'est en tout point étranger. Ce n'est pas faute de m'y avoir initiée pourtant !

Leçons d'étiquette, de maintien, de danse… J'en ai passé des heures et des heures à apprendre les règles de bienséance pratiquées à la cour, à me tenir à table, sur un tabouret ou bien, une broderie dans les mains, à me baisser, les jambes pliées, à marcher le dos bien droit… Quel ennui ! En bonne fille obéissante, je m'y suis conformée, mais j'ai aussi vite oublié. Aujourd'hui, je dois fouiller ma mémoire avec la plus grande énergie pour retrouver les gestes et les formules adaptées à chaque situation. Quel casse-tête ! Mon pauvre cerveau est sur le point d'exploser !

9 heures du soir

*J*e reprends ma plume après quelque temps de repos. Ce sont les neuf coups à l'horloge qui m'ont sortie de ma torpeur. Je suis bien lasse mais j'ai le cœur à raconter cette journée étrange, de peur que ma mémoire ne me joue des tours !

De bon matin, marraine a surgi dans ma chambre, crispée et nerveuse, pendant que je relisais, sereine, les pages de ce qu'il faut bien à présent appeler un journal.

Elle m'a demandé de me lever, de me tenir droite, a fait le tour de ma personne trois fois. Puis, en silence et avec une concentration extrême, elle a longuement réajusté les étoffes de mon corselet, de mes jupes, fait bouillonner les dentelles... Toujours grâce à ses soins, mon visage a disparu derrière un nuage de poudre et mes boucles de cheveux ont été rehaussées. Enfin, au bout de quelques minutes, j'étais devenue présentable et il ne me restait plus qu'à faire bonne figure...

Le regard planté dans mes yeux apeurés, elle m'a pris les mains en disant :

– Angélique, vous êtes sur le point d'être présentée à Madame, belle-sœur de notre bon roi et seconde dame du royaume de France. Vous devrez tenir votre rang, conformément aux principes d'éducation que je me suis efforcée de vous inculquer ainsi que ceux des Barjac, votre famille et la mienne, les Saint-Marc. En toutes circonstances, vous resterez attachée à Madame comme l'esclave à sa maîtresse. Il ne faudra jamais laisser aller votre mauvaise humeur, qui peut vous jouer parfois des tours, ni laisser éclater votre colère ou votre découragement. Vos vrais sentiments devront être masqués, intériorisés. Allons, ma fille, levez le menton et souriez...

À cet instant, j'aurais voulu fuir, relever mes jupes jusqu'aux genoux et courir à toutes jambes loin, loin, très loin d'ici...

Je fermai les yeux un moment, respirai profondément et me retrouvai peu de temps après face à Madame, la princesse Palatine comme on la surnomme, penchée sur une table, la plume à la main.

Quand marraine fut annoncée, elle releva la tête. Et là, je fus frappée de stupeur. Jamais il m'avait été donné de voir un pareil spectacle !

Dans un enchevêtrement de lourdes étoffes et un vacarme épouvantable, des chiens de chasse, presque une dizaine, sautaient, se poursuivaient en grognant ou en aboyant. Non loin de là, Madame, dont on apercevait seulement le visage, disparaissait derrière un fatras de tissus jetés sur elle, pêle mêle, une cage où trônait un canari, une écritoire jonchée de feuilles de papier. Quel désordre ! quel bruit ! C'était indescriptible.

Mon étonnement fut plus grand encore quand elle commença à parler :

– Au pied, les chhhiens !

– Ma ponne Amélie, approchez !

– Che zuis zûre que vous êtes accompagnée de fotre petite Anchelique. Approchez !

L'accent avait une nette consonance germanique. Il était encore très prononcé. Treize années à la cour de France n'avaient pu l'effacer, m'expliqua marraine peu après. Sans doute parce qu'elle restait viscéralement attachée à son cher Palatinat, ce petit territoire alle-mand qu'elle avait dû quitter il y a plus d'une dizaine d'années pour épouser Philippe d'Orléans, le frère du roi.

Je me prosternai à ses pieds parmi les chiens échauffés et me relevai en me rapprochant de la prin-cesse à la corpulence très imposante. Je ne me trom-pais pas : son embonpoint est considérable. Il lui donne des traits épais et la rend hommasse. Une caractéristique physique que les langues de vipère ici raillent en la comparant à une « dinde enrobée de saindoux soyeux ». Voilà qui est bien cruel et surtout fort injuste ! Elle est certes grosse, mais son regard est vif. Il traduit une grande bienveillance et beau-coup de bonté. Enfin... peut-être pas envers tout le monde...

Lorsqu'elle a pris marraine en aparté pour lui dire à l'oreille tout le mal qu'elle pensait de sa grande rivale, Mme de Maintenon, j'ai failli m'esclaffer. D'un seul coup, ses joues se sont empourprées et, avec sa grosse voix d'homme, elle a commencé à parler d'elle en la traitant de « crotte de souris ». Puis, peu à peu, le ton est monté et, avec des grandes gestes, elle a vociféré : « Cette mixture de mauvais vin n'est bonne à rien ! Elle n'est qu'une vieille araignée, pire, une vraie casserole ! »

C'est dans ce déchaînement d'offenses qu'est apparu un personnage étrange empestant une odeur lourde de parfum. Sans un mot, il enjamba le fouillis, s'y fraya un chemin, rabrouant les chiens qui se jetaient sur lui et le lapaient à grands coups de langue. C'était un petit homme ventru, monté sur des hauts talons, pareils à des échasses, coiffé d'une perruque « à la bichon » qui lui donnait une tête de mouton vieilli avant l'âge. Je n'étais pas au bout de mon étonnement...

En marchant, il agitait ses bagues qui couvraient ses mains, bombait le torse tapissé de dentelles, rubans, pierreries et fanfreluches, telle une femme des faubourgs prête pour le carnaval. Le visage poudré et les joues peintes en rouge, il desserra les lèvres d'où sortit un filet de voix pointue à peine audible :

– Je vous prierais, Madame, de rejoindre la cour à Fontainebleau pour vous retrouver auprès de mon frère le roi Louis et me représenter. La forte fièvre qui m'a terrassé si longuement vient enfin de lâcher prise et me laisse bien faible. Il me faut me rétablir et rester ici. Ce sont les ordres de mes médecins...

– Grâce à Dieu, Monzieur, que fotre fièfre zoit tombée ! rétorqua Madame. Fous m'en foyez fort aise et, puisque fous me demandez de me rendre à Fontainebleau, ch'irai.

22

En un instant, je réalisai que cet être enrubanné n'était autre que Monsieur, l'époux de Madame, celui qui fait jaser toute la cour !

Il salua marraine par un signe de tête et se tourna vers moi, l'air assez indifférent.

– Anchélique de Barchac, ma noufelle demoiselle d'honneur qui fient d'entrer dans ma maizon, lança la Palatine avec sa voix forte. Mme de Saint-Marc nous la confie dans le but de me zerfir et de faire zon apprentizache. Il est frai que la cour est une ponne école...

Je sentais la paralysie me gagner, tellement la peur me glaçait, mais j'eus la force de me prosterner et de bafouiller :

– Comme il vous plaira, Madame !

Je me suis sentie ridicule, mais le regard bienveillant de la grosse princesse et le sourire attendri de marraine me rassurèrent. Avais-je réussi mon examen de passage ? Peut-être... En tout cas, je me sens si soulagée !

J'ai beau lutter, mes yeux se ferment quoi que je fasse. Je peine à poursuivre : ma fatigue est si lourde. Il me faut à présent m'étendre et dormir. D'ailleurs, les douze coups de minuit viennent de sonner...

– Ça n'est pas une heure raisonnable pour une

demoiselle de votre âge et de votre qualité ! aurait
pesté ma fidèle Margotte de Paris, très sourcilleuse
sur l'heure du coucher.

❧

Mardi 17 octobre

En relisant les lignes écrites hier soir, il me semble
me trouver au plein milieu d'un songe. Et plus encore
en pensant au couple auquel j'ai été présentée. On se
serait cru sur la scène d'une comédie... Comment
deux personnes aussi dissemblables peuvent-elles
avoir été réunies, s'accorder, et s'entendre ?

« Raison d'État ! répondrait marraine. Les maria-
ges des princes ne sont pas une affaire de sentiments,
voyons ! avait-elle l'habitude de dire. Ils sont, avant
tout, une affaire d'intérêts entre deux couronnes, et,
crois-moi, notre roi Louis s'y entend pour faire valoir
les siens ! »

Être réunis certes, si le destin en a décidé ainsi,
mais s'accorder, partager les mêmes vues ? Cela est
moins sûr... Un flot de questions, soudain, emplit
ma tête. Et une particulièrement me revient sans
cesse : serai-je à la hauteur de la tâche qui m'incombe

auprès de ma maîtresse ? Peut-être pas... Mais comment y répondre alors que je ne sais même pas ce qu'elle attend de moi ?

Une chose est sûre : c'est que Madame et Monsieur, qu'ils s'entendent bien ou mal, sont des personnes, l'une et l'autre, bien insolites. Elles chassent l'ennui sur leur passage. Vivre à leurs côtés promet d'être diablement amusant ! Chaque jour m'apportera son lot d'anecdotes cocasses, de petites ou de grandes histoires que je me délecterai à rapporter ici dans ce cahier... En somme, un peu à la manière d'un rapporteur qui se plaît à consigner tout ce qui se passe ici...

Angélique, tu y vas un peu fort ! De la peur qui te pétrifiait hier, tu as basculé aujourd'hui dans la vanité la plus suffisante. « De la mesure en toutes choses ! » se plaisait à dire Mlle de la Source. Et elle avait raison.

Vendredi 20 octobre

J'ai été présentée hier aux personnes attachées au service de Madame. Incroyable, il y en a plus de deux cent cinquante ! Difficile de se repérer en un seul coup d'œil entre les aumôniers, les chapelains, les médecins, les chirurgiens, ceux qui s'occupent de la garde-robe et ceux attachés au service de la bouche, sans compter le personnel des écuries !

Il me faudra de la concentration pour reconnaître tout ce monde-là, à moins que les autres filles d'honneur m'y aident. Elles sont bien plus âgées que moi. Et je ne leur ai pas trouvé un air très avenant. Anne, Éléonore et Henriette, et bientôt moi, nous nous trouvons sous l'autorité de quatre femmes à qui, semble-t-il, il est préférable d'obéir. Il s'agit (ne te trompe pas Angélique...) de la surintendante de la maison (pas commode celle-là avec son regard prêt à mordre !), de la dame d'honneur, de la gouvernante, et, enfin, de la sous-gouvernante. À quoi est préposée cette dernière, déjà ? J'ai oublié !

Marraine, qui voit toujours tout en rose, m'a rassuré aussitôt :

– N'oubliez jamais une chose, ma petite : si vous savez vous faire aimer par votre maîtresse, tous les autres suivront et auront à cœur de vous être agréable. En revanche, si Madame venait à se fâcher contre vous, ce qui m'étonnerait beaucoup, les choses risquent d'être fort compliquées. Mais je n'ai aucune crainte, tout ira bien !

Samedi 21 octobre

Me voilà au calme. Madame a quitté Versailles en fin d'après-dînée pour Fontainebleau. Je souffle après l'agitation de ces jours derniers et le départ de ma maîtresse : quelle tornade !

Avec marraine, nous sommes allées la saluer au moment où elle s'apprêtait à s'engouffrer dans son carrosse, entourée d'une nuée de femmes à son service : deux longues files de carrosses encadraient celui de Madame. Derrière le sien, une des voitures se balançait furieusement à l'arrêt. Il était rempli de ses huit épagneuls glapissant, sautant, s'agrippant au velours qui recouvrait l'intérieur de l'habitacle.

– Mes petits, mes petits ! zoyez pazients ! fous irez pientôt à la chaze ! hurlait la Palatine en s'adressant à sa meute, la tête collée à la porte.

Tout le monde souriait. Était-ce à cause des chiens ou bien de son étrange accoutrement qui pouvait faire croire à un déguisement ?

La princesse portait une tenue de chasse taillée apparemment à la va-vite : une longue veste de drap couleur marron foncé sur une jupe d'un rouge éclatant. Autour du cou, une cravate de soie prune, à laquelle elle avait donné deux tours, quitte à paraître étranglée. Mais, surtout, ce qui prêtait le plus à rire était sur sa tête : un tricorne d'où sortait un semblant de perruque en faux cheveux filasses... Quelle allure !

Monsieur, qui devait garder encore la chambre, apparut à une fenêtre du premier étage. Il adressa à son épouse un timide signe de sa main alourdie de bagues. Il n'avait pas l'air si mécontent de rester là !

Mardi 24 octobre

Aujourd'hui, il pleut. Des gouttelettes viennent s'écraser en crépitant sur la vitre de ma chambre. BBBBrrrrr... il vaut mieux être à l'abri ! Maigre consolation au regard de ma tristesse. Le ciel ressemble à mon cœur : gris, lugubre, larmoyant. Hier, marraine m'a annoncé une autre nouvelle, avec force précautions, car elle savait bien que cela me remuerait. Mais je n'ai pas tardé à comprendre où elle voulait en venir quand elle m'a dit qu'un vieil oncle venait de lui léguer son domaine dans le Languedoc.

– Est-ce à dire que vous allez partir loin d'ici pendant tout l'automne ? ai-je demandé, inquiète.

– Je serai de retour au printemps... Aux beaux

jours, les routes sont plus carrossables et nous ferons nos pâques ensemble ! répliqua marraine avec un grand sourire.

Pâques ? mais c'est au mois d'avril ! Dans très long-temps ! ai-je pensé aussitôt.

Une sorte de panique me paralysa sur place. L'idée de rester seule ici pendant des mois m'était insupportable. Pire, j'avais le sentiment d'être abandonnée par celle qui se disait ma deuxième maman ! Quelle injustice !

Des sanglots soulevèrent ma poitrine et, en silence, je me mis à pleurer le dos tourné devant celle qui me causait tant de peine.

Elle s'approcha de moi et posa la main sur mon épaule.

– Ne pensez pas que vous serez délaissée. Dorine me l'a promis, elle veillera sur vous, et Madame aussi à sa manière... Je n'entreprends point ce voyage à la légère.

Marraine souffla profondément à cet instant et continua :

– Il me coûte de l'accomplir mais je ne peux m'y soustraire... et c'est avec un grand bonheur que je vous retrouverai !

⚜

Ma dernière chandelle consumée, j'ai dû arrêter net mon récit.

Dorine m'a donné tout ce qui lui restait. Dans le petit recoin de l'escalier où elle se tient, elle a soulevé sa paillasse. Miracle ! Il lui en restait une...

Avant de raconter la suite, je lis et relis les paroles de marraine. C'est étrange. Elles me paraissent plus sincères qu'au moment où elle les a prononcées. Au lieu de me contrarier, elles me font du bien à présent. Un peu comme un baume appliqué sur une plaie. J'ignore pourquoi elle doit faire ce voyage coûte que coûte. Et je connais encore moins ce vieil oncle dont elle ne m'a jamais parlé jusque-là. Elle, pourtant si prompte à faire et à refaire l'arbre généalogique de sa famille, incollable sur le prénom de ses plus lointains cousins !

Sitôt la nouvelle annoncée, elle m'a demandé de l'accompagner dans la ville de Versailles. D'abord chez Agnès, la couturière de Madame.

– Une belle robe de cour afin d'être digne de la cour de France lorsque vous serez officiellement présentée au roi ! Probablement dès son retour de Fontainebleau...

– Ensuite, chez Léonard, un maître à danser. Parce

que, voyez-vous, une empotée dans une belle robe, c'est le comble du ridicule! Gavotte, passepied, pavane, sarabande sont des danses que vous devrez parfaitement exécuter... même si le menuet et la contredanse n'ont plus de secrets pour vous. Irréprochable, Angélique, vous devrez être irréprochable sur tout!

Ça y est! Elle recommence avec sa manie de vouloir me fabriquer en princesse parfaite! Enfant, elle me répétait que j'étais jolie, élégante, gracieuse et qu'il était inutile de gâcher ma beauté avec des artifices... Alors, qu'en est-il maintenant?

J'ai eu du mal à contenir mon énervement : mes joues étaient rouge vermillon et j'ai accéléré le pas. Me mettre entre les mains d'une couturière, je l'accepte à la rigueur... Quoique les tenues de Madame me font redouter le pire... Mais entre les mains d'un vieux barbon, comme sont la plupart des maîtres à danser, non! Pendant des séances interminables, j'ai dû endurer le vieil Argance, radoteur et postillonneur. Eh bien, aujourd'hui, je refuse d'être livrée à un nouveau supplice!

C'est ce que j'ai marmonné tout le long du chemin sans adresser un mot à marraine.

Agnès, entourée d'une nuée de cousettes, m'a paru fort aimable. Seulement un petit moment désagréable quand elle a posé ses doigts froids sur ma peau pour prendre mes mesures. Mais les étoffes qu'elle a déroulées sous nos yeux sont fort belles et les modèles présentés d'une bonne facture. La robe de cour promet d'être réussie !

Quant au fameux Léonard, à première vue, il n'est pas aussi ennuyeux que cela. Plutôt jovial, souriant et même amusant ! Il est vrai que je suis portée à le voir d'un beau jour tant il m'a fait de compliments : port de tête de reine, délicatesse, charme et finesse… Jamais je n'en avais entendu autant ! Je me plierai de bonne grâce à ses premières leçons, j'en ai fait le serment à marraine qui a bien senti ma contrariété.

– Vous voilà grande à présent, vous aviserez ! Sachez néanmoins qu'il s'agit d'un des meilleurs que nous avons eu en cour depuis fort longtemps.

Le retour fut plus gai que l'aller. Peu à peu, je me faisais à l'idée qu'elle allait me quitter et que je n'avais qu'une issue : me ressaisir, affronter la réalité telle qu'elle se présentait. Il le fallait !

Jeudi 26 octobre

Première décision de l'Angélique-qui-va-devoir-se-débrouiller-seule : explorer les abords du château que je ne connais pas encore ! Comme j'étais pleine de courage et que le temps radieux m'a donné des ailes, j'ai poussé la témérité à m'aventurer dans les jardins les plus éloignés. Mon pas alerte m'a conduit jusqu'au bassin d'Apollon d'où on a une vue grandiose du château. Quel exploit ! J'étais très contente de moi et, d'ailleurs, rares étaient les promeneurs qui se croisaient dans ces parages. Derrière ce lieu s'étend presque à perte de vue ce grand tapis d'eau plate, le Grand Canal. Il s'enfonce dans la forêt avec une telle majesté ! Lorsque ces lieux me seront plus familiers, j'irai me promener le long de ses berges pour méditer, réfléchir à tout et à rien en marchant : c'est le lieu idéal !

Je me suis assise sur le rebord du bassin d'Apollon. Les quatre chevaux sculptés sont si expressifs qu'ils semblent prêts à sortir de l'eau. C'est du grand art ! J'ai hâte que le roi revienne pour que les jeux d'eau entrent enfin en action. Marraine m'a dit qu'elle n'en est toujours pas lassée… Quand l'eau jaillit de partout, elle trouve que c'est toujours aussi féerique !

Vendredi 28 octobre

Marraine est revenue aujourd'hui me voir en dépit de tous ses préparatifs. Son départ approche. C'est dans cinq jours. Elle est de plus en plus nerveuse. Elle m'accable de recommandations en commençant ses phrases par : « Vous devrez, n'oubliez surtout pas de, il faudra que… » et en terminant toujours par : « Vous vous en souviendrez, n'est-ce pas ? » Toute la journée, mes nerfs ont été à rude épreuve et d'ailleurs ce soir, j'ai beau fouiller dans ma tête, je ne me rappelle de rien !

Je lui suis néanmoins grandement reconnaissante de m'avoir conduite jusqu'aux grilles du château. Là sont adossées toutes sortes de baraques où l'on fait commerce de beaucoup de choses. Il y règne une effervescence incroyable : « Qui veut mes perruques ? » entend-on là et, plus loin : « Jolis jolis rubans, dentelles, colifichets ! » et encore ailleurs : « Fagots ! chandelles livrés dans l'heure si vous le désirez ! » J'ai dressé l'oreille et marraine s'est immédiatement approchée du marchand. Il a été convenu qu'un valet viendra livrer tous les mois ces deux précieuses denrées.

– Et du papier, pensez-vous qu'on en vend ici ? ai-je demandé, inquiète.

Les fagots pour se chauffer, les chandelles pour s'éclairer, c'est déjà beaucoup, mais il restait le plus important ! Sous son auvent, la grosse papetière m'a montré les sortes de papier qu'elle a laissé enroulées. Quand elle m'a présenté un cahier, j'ai poussé un cri.

C'est cela exactement qu'il me fallait ! Du coup, marraine m'en a acheté quatre car elle sait que je goûte maintenant au plaisir de tenir mon journal. C'est vrai. Au-delà de la joie que j'éprouve à coucher mes impressions, cela est devenu presque une nécessité. Plus j'écris et plus j'ai besoin de continuer... étonnante aventure !

❧

Dimanche 29 octobre

En ce magnifique jour d'automne, je me suis promenée longuement près des bosquets côté Midi et j'ai bien fait ! Par le plus curieux des hasards, j'ai fait la connaissance de deux jeunes filles de mon âge et de ma condition : Jeanne-Marie et Armande. La gouvernante des Enfants de France leur avait confié Louis, le duc de Bourgogne, le temps qu'il se dégourdisse les jambes. Malheur ! L'enfant était si déchaîné qu'il a échappé à leur surveillance...

En me dirigeant vers le bosquet de la Colonnade (je commence à devenir incollable sur les noms), j'ai croisé un petit garçon perdu et apeuré, les joues traversées par deux petits ruisseaux de larmes alors que j'entendais au loin des appels qui semblaient se répondre en écho : « Louis ! Louis ! où êtes-vous ? » Aussitôt, j'ai pris la main de l'enfant et nous avons marché en direction des voix. Deux jeunes filles bien mises sont apparues presque aussitôt. Elles couraient affolées, en relevant leurs robes. Après qu'elles ont eu repris leur souffle, nous avons fait les présentations. Le petit Louis n'est autre que le duc de Bourgogne, petit-fils du roi. Jeanne-Marie de Verseuil et Armande de Sainte-Colombe sont à son service en quelque sorte puisqu'elles font partie de la Maison des Enfants de France.

Installées ici depuis plus de six mois, elles sont de vieilles logeantes par rapport à moi, et l'endroit n'a plus de secrets pour elles. Le début ? Ah, certes oui ! il a été difficile, ont-elles reconnu. Le mal du pays (elles viennent toutes deux de la province, laquelle ? je ne m'en souviens pas), le lieu si vaste et la gouvernante pète-sec à qui elles devaient obéir au doigt et à l'œil. C'est en traversant les jardins qu'elles m'ont raconté tout cela. Quand nous avons rejoint l'aile du Midi, Jeanne-Marie et Armande ont vite disparu dans le long couloir, pressées de raccompagner le petit Louis. Il sera aisé de les croiser à nouveau. J'ai hâte de les revoir. Parler, marcher, rire avec elles m'a fait tellement de bien... Je crois revivre !

Mercredi 1er novembre

Veille du départ de marraine et jour de la Toussaint, fête de tous les saints. Nos nerfs ont été mis à rude épreuve. D'abord, parce qu'une grande peine nous étreignait le cœur à l'idée de nous quitter. Ensuite, parce qu'il a fallu subir les offices interminables à la Chapelle royale.

– Si le roi avait été là, elle aurait été pleine à craquer! Certes, la plupart des courtisans l'ont accompagné à Fontainebleau. Mais ceux qui sont restés ne se sont pas privés de se dispenser de venir! La foi catholique a ses limites... qui sont vite atteintes!

Je n'avais jamais entendu marraine lancer pareille charge contre les courtisans à la pratique religieuse un peu tiède! Quoi qu'il en soit, nous avons assisté à la messe avec beaucoup de recueillement. Moi, du moins (il m'est difficile de parler au nom de marraine), j'ai essayé d'élever mon âme le plus haut que j'ai pu.

C'est la fin de l'office qui m'a déplu. L'aumônier de la chapelle a donné des nouvelles du roi et de sa cour à Fontainebleau. Puis, il en est venu aux évènements concernant directement l'Église de France et notamment les conversions des protestants. En entendant ce mot, je suis brusquement sortie de ma torpeur et j'ai tendu l'oreille... Sur un ton triomphant, il a parlé

37

du nombre croissant de « brebis égarées » (il faut comprendre les protestants) qui rejoignaient « le troupeau » (les catholiques). Il a aussi évoqué ces « missionnaires bottés » – les dragons – ces soldats qui, sur l'ordre de l'intendant du Poitou, logent chez les protestants et finissent par les convertir...

Je me suis tournée vers marraine. Elle a eu l'air gêné et j'ai vu les muscles de son cou se crisper... Que pensait-elle ? Je ne pus le savoir car, à la sortie de la messe, elle refusa de répondre à mes questions. Elle se contenta de vagues affirmations comme :

– Vous savez, le roi ne peut souffrir qu'il y ait une autre religion en son royaume... il en a fait une question de principe...

Moi, je trouve inadmissible que l'on cherche à faire changer les gens de religion. Par la force de surcroît. Ou par obligation, comme mes pauvres parents ont dû le faire pour moi...

Marraine a voulu absolument aller dans ma chambre avant de partir. Pour vérifier que toutes mes affaires étaient en ordre, que je n'allais manquer de rien, que la couturière viendrait dans une semaine, qu'il fallait que je me rende chez Léonard à mes leçons de danse, qu'il fallait bien me couvrir avant de sortir, que Dorine serait aux petits soins, que, que, que, que...

J'en eus la migraine à force de l'entendre débiter ses ordres et ses recommandations. Elle croyait bien faire mais j'étais irritée au plus haut point.

Au moment de prendre congé de moi, elle plongea sa main dans son sac de tissu et me tendit une bourse pleine de pièces. Dans le creux de ma main, elle était lourde... Jamais je n'avais eu autant d'argent !

– Ce n'est pas tout !

Elle replongea sa main et en sortit un paquet entouré d'un torchon.

– J'allai oublier de vous le donner. C'est de la part de Margotte.

Mon irritation disparut et je sentis mon visage se détendre : un gâteau ? des sucreries, des fruits confits ?... Des massepains, bien sûr ! C'est ce que je préfère !

En dépliant les coins du torchon, mon émotion fut si forte que j'éclatai en sanglots. Tout me rappelait ma chère Margotte : sa façon d'empaqueter les gâteaux, la bonne odeur de propre du torchon, l'arôme de la pâte d'amande qui me plaisait tant... Je me revoyais à ses côtés en train de la regarder s'affairer dans la cuisine où flottait en permanence l'odeur des bons plats... Tout à ma pensée, je sentis à peine le baiser de marraine effleurer ma joue. En me retournant, je vis la porte se refermer. Elle était partie.

Jeudi 2 novembre

Quel jour lugubre ! Dehors, le vent hurle et c'est le jour des morts. Je suis allée faire mes dévotions comme marraine me l'a demandé hier et je suis revenue aussitôt. Point de Jeanne-Marie ni d'Armande à la messe. Je finis par me demander si je ne les ai pas connues en rêve.

Tout me déplaît aujourd'hui, je n'ai goût à rien. Même le fait de tenir cette plume, la tremper dans l'encrier et écrire me coûte. Je ferais bien d'arrêter là... Une petite consolation : les massepains de Margotte. Il ne m'en reste que six. Je les grignote du bout des dents pour les faire durer le plus longtemps possible. Résultat : la feuille où j'écris est couverte de miettes. Avec un soin extrême, je les rassemble et les pose sur ma langue pour n'en perdre aucune !

Tout ce que je suis en train de raconter là n'est guère intéressant. Je reprendrai lorsque mon humeur sera moins chagrine.

Dimanche 5 novembre, après-dîner

*R*ien à rapporter ou si peu de chose. Les allées et venues de Dorine, inquiète de me voir clouée à ma chambre. Les courtes promenades sous la pluie et dans le vent. Quelques passages au Grand commun, ce bâtiment tout neuf de l'autre côté de la Surintendance où les logeants vont chercher leur nourriture. Rien d'autre. Seulement ma méchante humeur qui m'enveloppe tout entière dans un voile gris. Comme le temps s'écoule lentement !

Mardi 7 novembre

*A*gnès et une de ses cousettes sont venues ce matin faire l'essayage de ma robe. Leur venue m'a sortie un peu de ma torpeur. Je n'avais pas la moindre envie de les voir, mais Dorine les a conduites jusqu'à ma chambre sans me prévenir.

J'ai bien senti que celle-ci mourait d'envie d'assister à la séance, elle est si curieuse ! Dévouée envers moi, c'est certain, complice de mon intimité, en aucun cas ! Personne ne pourra remplacer ma Margotte, elle qui savait tout lire dans mes yeux !

Il a fallu que je me déshabille pour enfiler cette ébauche de robe qui, pour l'instant, ne ressemble à rien. Heureusement, je venais de mettre un gros fagot dans l'âtre et il faisait bon. Ensuite, la couturière s'est affairée en silence autour de moi, secondée par son aide encore plus muette. À son air souriant, j'ai compris qu'elle était satisfaite.

— Prochain essayage, la semaine prochaine, chère demoiselle. Avec une robe pareille, vous pourrez voler en dansant !

Au fait… la danse ! Mon Dieu, et ma leçon ?

J'ai fouillé dans ma mémoire qui marche encore, Dieu merci. C'est demain, je crois…

Jeudi 9 novembre

Quelle joie ! Je les ai retrouvées ! Mon cœur a bondi quand j'ai reconnu Jeanne-Marie et Armande gravissant les degrés de l'escalier quatre à quatre. Comme je n'avais guère le temps de parler, leçon de danse oblige, nous avons décidé de nous retrouver dans la cour de Marbre à midi sonnant.

— Impossible de te tromper, c'est la cour pavée de marbre blanc et noir comme un damier, tout au fond de la cour royale !

Du coup, je me suis rendue d'un pas léger chez mon maître à danser, et les exercices auxquels j'ai dû me plier m'ont fait le plus grand bien. Il m'a fait rire aussi. Grâce à ses mimiques, son penchant à s'amuser de tout et à son allure des plus étranges ! Une très longue perruque noire et bouclée sur la tête et, jetée sur son dos, une pelisse de fourrure trouée et défraîchie descendant jusqu'au sol. Pour me donner le rythme, il frappait régulièrement le parquet de son bâton. Et à chaque coup, il me faisait sursauter !

Ce Léonard sait bien s'y prendre. Il m'a tellement divertie que j'ai envie de suivre ses leçons suivantes !

J'ai retrouvé mes deux compagnes qui m'ont immédiatement entraînée dans la partie la plus illustre du château où je n'avais encore jamais osé pénétrer.

– Nous allons traverser le Grand Appartement du roi, c'est là qu'aura lieu ta présentation ! annonça Armande...

Le mot à peine entendu m'a glacée d'effroi. Et c'est la gorge nouée, le pas hésitant que je déambulai dans l'immense Grande Galerie scintillante d'or et d'argent en apercevant, stupéfaite, le reflet de mon image dans les glaces. Dans l'enfilade des salons à la décoration somptueuse, j'eus le tournis. L'idée d'être présentée au roi dans l'une de ces pièces me faisait battre le cœur à tout rompre : je me voyais blafarde, mal à l'aise dans une robe que je n'avais jamais portée, les regards de toute l'assistance braqués sur moi ! C'était horrible !

Jeanne-Marie s'approcha et me prit le bras.

– Par ici la sortie ! s'écria-t-elle avec un grand sourire.

Soulagée, je dévalai un autre grand escalier et, une fois dans la cour, je pus respirer l'air frais à plein poumon.

Mercredi 15 novembre

Ça y est, il est là et je l'ai vu ! Le roi bien sûr ! J'en suis encore toute retournée.

Comment ignorer pendant toute la journée que c'était le jour de son retour ? Dès les premières heures de la matinée, j'ai perçu une agitation inhabituelle. Partout dans les couloirs et dans les cours, on hâtait le pas, on courait les bras chargés de paniers, de piles de linge propre. Et de tous côtés, les ordres fusaient. Puis, des voitures qui se sont alignées, on a extrait un fatras de coffres, de ballots, de caisses, de tapisseries roulées que des valets se sont passés de main en main.

– Un vrai déménagement ! a expliqué Dorine que la curiosité avait poussé dehors. C'est à chaque fois pareil. Toujours le même tintouin !

Un peu plus tard, alors que je battais depuis un bon moment le pavé avec Armande et Jeanne-Marie, des carrosses dorés se sont approchés dans un grondement sourd, des bruits de chevauchée et des claquements de cavalcade. Un cri a retenti aussitôt :

– La garde ! le roi !

Un frisson a parcouru tous mes membres et m'a donné la chair de poule. Je me suis hissée sur la pointe des pieds et j'ai tendu le cou pour ne rien perdre du spectacle. Pendant que criaient les cochers, un laquais a sauté à terre, a ouvert la portière et a déplié le marchepied. La perruque bouclée du roi est apparue la première. Lorsqu'il a tourné à demi la tête, j'ai pu apercevoir son visage. Le roi ! je venais de voir Louis le Quatorzième ! J'ai été si bouleversée que j'ai oublié l'essayage d'Agnès.

– Eh bien, petite tête en l'air, oublierez-vous aussi le retour de Madame, demain ? m'a demandé Dorine avec un ton de reproche.

Certes pas ! J'ai tellement hâte que ma maîtresse soit là et que ma nouvelle vie commence ! Mais cela me fait peur aussi. Pour me donner de la force, je serre dans le creux de ma main mon médaillon et je le presse sur ma joue. Comme si je recevais une caresse d'encouragement de ma chère maman.

45

*É*tiquette... sainte étiquette... au diable, l'étiquette ! Depuis que le roi est rentré, je dois m'initier à toutes les règles qui régentent dans les moindres détails la vie à la cour, m'y plier, et si besoin, les appliquer avec le plus grand zèle possible... Quelle tyrannie !

Comment s'asseoir ? À quelle place ? À qui le tour de présenter la chemise de Madame ? Quand celle-ci se tient sur sa chaise percée, est-il possible de lui parler ? Peut-on entrer à ce moment-là ? Qui assistera à son coucher, ce soir ?

Interrogez l'étiquette, c'est elle qui vous le dira !

Marraine m'avait prévenue, mais je ne pouvais imaginer que la vie dans ce pays-ci était soumise à ces lois si pesantes. Du coup, chaque moment, même le plus ordinaire, est matière à spectacle. C'est le roi qui le veut ainsi. Pour porter, dit-on, au plus haut les manières à la cour de son royaume.

J'ai beaucoup de mal à m'y conformer : ce sont des détails tellement infimes que je ne peux les faire entrer dans ma tête.

« Angélique, derrière moi ! », « Mademoiselle de Barjac, à quoi pensez-vous, voyons ? », « Faites un effort, ne vous l'ai-je pas déjà dit quatre fois ? », « C'est à vous d'aider Madame à se lever de son fauteuil ! »

Ce sont les remarques assénées par la surintendante et la gouvernante de Madame quand j'ai commis
des bévues, il y a quelques jours. Heureusement qu'il
y a Madame : après plus de dix ans à la cour, elle continue à faire des entorses, sous le regard offusqué de
ses dames. Voilà de quoi me rassurer. Par exemple,
hier, un coussin est tombé à ses pieds. Aussitôt ses
femmes de chambre se sont précipitées pour le
ramasser. Mais la Palatine fut plus prompte.

– Madame, auriez-vous oublié que vous ne devez
ni vous baisser, ni ramasser. Est en cause votre rang !
a répliqué sèchement la gouvernante comme si elle
gourmandait une enfant.

La princesse est aussitôt partie dans un immense
éclat de rire et l'ambiance s'est détendue.

– Oh, z'est frai, pardonnez-moi ma bonne ! a-t-elle
reconnu avec un air malicieux.

Lundi 27 novembre

Ma main gauche est enfermée dans un bandage et
la douleur au niveau de mon poignet est lancinante. J'ai
mal mais ceci ne m'empêche pas d'écrire de l'autre
main pour raconter ce qui s'est passé ce matin.

47

Quand j'ai fait irruption dans le salon de Madame en compagnie d'Anne, Éléonore, Henriette, les autres filles d'honneur, l'agitation était encore plus forte que d'habitude. Du bruit surtout. Que dis-je ? Un vacarme assourdissant ! Sur les tapis jonchés d'étoffes, deux enfants poursuivaient en hurlant les chiens de Madame dont l'excitation était multipliée et ce n'était que criailleries, jappements et braillements. La princesse, imperturbable derrière son écritoire, la plume à la main, couvait d'un regard bienveillant tout ce petit monde d'agités.

– Philippe, Liselotte ! fenez zaluer mes chères demoiselles d'honneur...

Comment ces enfants pouvaient-ils entendre leur mère dans tout ce tapage ? Impossible ! Je m'approchai d'eux en tendant les bras, mais me retrouvai bien vite le nez par terre. Mon pied s'était pris dans un recoin du tapis mal tendu. Pour me relever, je pris appui avec ma main sur quelque chose d'un peu mou. Malheur ! Je sentis des pointes acérées s'enfoncer dans mon poignet et vit une boule de poils vociférante jaillir de sa cachette.

Le sang giclait et coulait sur ma robe pendant que Madame, qui s'était levée pour regarder de près ma plaie, dit de sa voix d'homme :

– Titi ! qu'as-tu fait là ? zerais-tu defenu fou ? Allez

chercher mon chirurchien, vite, c'est une pelle morzure !

Les femmes de chambre affolées virevoltaient autour de moi. On maîtrisa Titi, l'épagneul coupable, et les enfants furent priés de se calmer.

Allongée par terre, en me tenant le bras que Madame avait entouré à la hâte dans un morceau de tissu, j'attendis patiemment l'arrivée du soigneur. La petite Liselotte s'était approchée. Pleine de délicatesse, elle se pelotonna contre moi, prit son petit mouchoir brodé pour essuyer mes larmes et m'assaillit de questions avec sa voix fluette. Non loin de là, Philippe repoussait les chiens qui enjambaient mes pieds en me reniflant. Ces gestes d'enfant m'attendrirent.

– Assurément, c'est une belle plaie ! lança le chirurgien qui examina mon bras. Un tiers de calendula, un tiers de tanacetum et un autre tiers d'angelica à appliquer en baume deux fois par jour, ajouta-t-il, en se tournant vers l'homme qui l'accompagnait.

Quand ils furent partis, Madame m'aida à me relever et, comme une vraie maman, elle fut aux petits soins pour moi.

– Ma chère Anchélique, che zuis navrée de ce qui fient de ze bazer et che vous brie de m'excuser. Zi fotre marraine Amélie apprend zela, elle fa me maudire et elle aura raizon. Ah, ah, ah !

Je n'avais pas trop le cœur à rire mais sa bonne humeur était communicative. Une de ses femmes de chambre m'a raccompagnée jusqu'à ma chambre et, ensemble, nous avons attendu l'apothicaire et sa préparation. Dorine, bien sûr, a fait irruption.

Elle m'a rassurée comme elle a pu et s'est rendue utile auprès de l'homme qui m'a appliqué la pommade et fait le pansement. Je dois le revoir demain. Il me faut à présent m'étendre car la douleur m'a bien fatiguée et continue à me lancer.

❧

Mardi 28 novembre

Cela va mieux. Ma plaie ne me lance plus. Dorine dit que ce sont les effets de sa potion qu'elle m'a fait boire hier soir. Elle en est sûre. Tout le monde est si attentionné à mon égard que cela me remplit d'une joie profonde !

À la première heure ce matin, une femme de chambre de Madame est venue prendre de mes nouvelles et me prévenir que je ne serai pas de service aujourd'hui.

50

Un peu plus tard, M. Simon, l'apothicaire, a toqué à ma porte. Il a examiné ma blessure et m'a demandé de le suivre jusqu'à son officine. Elle se trouve ici au rez-de-chaussée, au pied des escaliers, à deux pas de chez moi. Jamais, en passant devant ces portes, je n'aurais imaginé une telle ruche au travail ! Ici, des aides armés de pilons écrasant toutes sortes de poudres dans de grands mortiers. Là-bas, des garçons juchés sur des escabeaux alignant fioles, boîtes en bois, bocaux de verre étiquetés. D'autres préparant, au-dessus des fourneaux, sirops, bouillons, emplâtres, cataplasmes aux senteurs étranges. J'ouvrais grand les yeux, ne sachant plus où donner de la tête, j'étais fascinée !

– Approchez, mademoiselle Angélique, me dit l'apothicaire, la tête cachée derrière un énorme pot en céramique.

Il appliqua méticuleusement toutes sortes de pommades et me promit que je serai rétablie samedi.

Samedi ? Je sursautai. Comment était-il au courant ? Madame lui avait peut-être dit... Dans quatre jours aura lieu ma présentation au roi, autrement dit mon entrée officielle à la cour. En écrivant ces mots, ma main se crispe sur ma plume. Comme tout ce qui me pèse, j'enfouis ça dans les tréfonds de ma tête pour ne pas y penser.

Vendredi 1er Décembre

Ne pas y penser ? Je relis ce que j'ai écrit hier. Il le faut pourtant ! Secoue-toi, Angélique, et agis si tu ne veux pas que la peur, ton ennemi le plus grand, t'enserre dans son corset de fer au risque de t'étouffer !

Forte de cette résolution, je me suis rendue d'un cœur léger chez Agnès pour l'ultime essayage de ma robe. Encore quelques ajustements et elle sera prête demain matin. Et puis chez mon cher Léonard qui m'a fait reprendre tous les pas de danse qu'il m'a appris depuis un mois...

Dorine guettait mon retour, les poings sur les hanches, postée en haut des escaliers.

– Vous voilà enfin ! J'ai cru que vous ne reviendriez jamais !

Qu'il y avait-il donc ? Étonnée, je l'ai laissée continuer...

– Un homme habillé de noir, le genre d'un homme de loi, s'est présenté ce matin et a demandé à vous voir. Je l'ai fait patienter comme j'ai pu quelque temps. Puis, à bout de patience, il est parti en disant qu'il reviendrait...

Étrange... Qui était cet homme ? Que voulait-il ? Comment était-il arrivé jusque-là ? Qui l'avait envoyé ? S'agissait-il de marraine ?

En me posant toutes ces questions, je me suis rendu compte qu'elle était partie depuis un mois. Cela paraissait si loin ! Et toujours pas de nouvelles ! Mon cœur se serra d'un coup. Elle me manquait beaucoup. À vrai dire, cruellement. Je me sens si seule…

Heureusement, il y a toi, journal, ma consolation, mon plus fidèle compagnon, à qui je confie tout.

*Samedi 2 Décembre,
11 heures du soir*

Mes tempes battent encore d'émotion, ma tête est pleine de la musique qu'on a jouée, mes pieds sont aussi endoloris que si j'avais marché plusieurs lieues. L'émoi de la soirée a été si grand qu'il me donne encore de l'ardeur. J'ai enlevé ma robe, remis une bûche dans la cheminée et, alors que le feu crépite et diffuse une douce chaleur, ma plume s'est mise à courir sur le papier. Il me semble que je ne puis plus l'arrêter !

Angélique, tu es à présent une jeune fille de cour ! (j'avale ma salive de plaisir en l'écrivant). Ton examen de passage est accompli ! Quel soulagement ! J'ai tant redouté ce moment qu'à présent je me sens grande et aussi légère qu'une plume d'autruche !

Heureusement, il y a eu Anne, Éléonore et Henriette qui m'ont chaperonnée comme des grandes sœurs. Alors que Dorine, presque aussi énervée que moi, tirait dans mon dos les lacets de mon corselet, elles sont arrivées toutes trois en procession, tout à leur joie de se sentir si belles. Vêtues de leurs plus beaux atours, elles m'ont encerclée de leurs jupes en velours précieux prolongées par des queues. Leur taille de guêpe était mise en valeur par de forts gracieux décolletés. Quelle élégance ! À leur suite, j'ai descendu les escaliers avec force précautions, peu habituée à porter les souliers de bal et encore moins la robe dont le satin bruissait de toute part. Ma gorge avait du mal à émettre un son et mes mains étaient moites. La tête vide, je les suivais dans les salons en enfilade, jusqu'au moment où j'ai entendu le son des violons. J'ai marqué un temps d'arrêt, pétrifiée par la peur et les yeux clos un instant, puis je me suis engouffrée dans la salle de bal nommée « salon d'Apollon ».

Une foule dense entourait le roi auquel se collait son garde du corps. C'est Éléonore qui me l'a montré. Mon cœur battait de plus belle et j'ai préféré rester près de l'embrasure de la porte.

– Angélique !

Je reconnus aussitôt Jeanne-Marie et Armande essayant tant bien que mal de fendre la cohue pour me rejoindre au moment où la foule s'écarta. C'était au tour de Monsieur et de Madame de faire leur entrée. La princesse Palatine regarda dans ma direction et vint vers moi directement.

– Quelle peauté, petite Anchélique ! lança-t-elle, enthousiaste. Che zais par mon pon monzieur Zimon que fotre morzure est guérie. Fenez ! che fais fous présenter au roi...

Les courtisans commencèrent à reculer pour lui laisser le passage et des centaines de paires d'yeux se posèrent immédiatement sur moi.

Henriette me souffla à l'oreille un mot d'encouragement et je partis à la suite de Madame comme une condamnée à mort sur le point d'endurer le pire supplice. Jamais les pas que je dus faire à cet instant-là ne m'avaient autant coûté !

– Zire, Anchélique de Barjac, ma nouvelle fille d'honneur, parente de ma chère Amélie de Saint-Marc ! tonna Madame de sa voix d'homme dans un grand silence.

Le roi se contenta d'opiner lentement du chef. Quand il releva la tête, il ouvrit la bouche pour m'adresser un sourire. Horreur ! C'était plutôt une grimace. Ses dents d'en bas étaient gâtées et, en haut, seulement un trou béant ! Le roi est presque édenté !

Je pliai le cou et me prosternai à ses pieds le plus gracieusement que je pus. Pendant ce temps, les violons redonnèrent de la voix et le roi battit des mains en s'adressant à toute l'assemblée :

– Place au bal !

Grâce au mouvement de foule qui suivit, je pus retrouver mes esprits... enfin presque, mes jambes étaient si molles ! Au fond du salon, un groupe de danseuses s'était déjà mis en ordre. Parmi elles, Jeanne-Marie et Armande qui me firent un petit signe. À partir de là, combien de menuets, de gavottes, de contredanses s'enchaînèrent avec des cavaliers qui se proposèrent de m'accompagner ? Je ne sais plus. Il me semblait que le sol ne résistait pas à mes pas, que je volais, tourbillonnais dans une danse sans fin. Comme dans un rêve... Quelle féerie !

Quand les violons se turent brusquement, je ne compris pas que c'était le signal du reflux. Le roi venait de se retirer, le bal était fini !

Éléonore et Henriette rirent en me voyant si désappointée.

– Ne soyez pas triste, Angélique, il y aura d'autres bals, et bien d'autres occasions de danser !

Je tombe de sommeil à présent. Ce petit compte rendu a eu sur moi l'effet d'une tisane. Je peux m'endormir paisiblement.

Dimanche 3 Décembre

Aujourd'hui, premier dimanche de l'avent. Beaucoup de monde a assisté à la messe pour entendre le sermon du père Bourdaloue. J'ai prié de tout mon cœur et pris de bonnes résolutions pendant ce temps d'attente de la venue de Jésus. Mais j'ai beau me forcer à oublier, à me raisonner, je n'y arrive pas... À quoi diantre ? m'aurait demandé Margotte.

Les mots sont difficiles à former, à écrire, mais je m'y contrains. Une colère sourde m'habite. Elle me gonfle la poitrine et m'empêche par moments de respirer. Ce que j'ai entendu de la bouche du prêtre à la fin de l'office m'indigne. Il a encore été question des « huguenots » (les protestants). De ces « chiens perdus » qu'on s'efforce de convertir. De ces « obstinés religionnaires » s'acharnant à rejeter le pape, les saints et les anges. Mais leur Seigneur à eux n'est-il pas le même que le nôtre ?

J'ai beau feuilleter mon missel et mon livre d'heures, je ne trouve pas la clé de mes interrogations. Seulement des paroles de paix, de fraternité et d'amour prononcées par Jésus. Si je les relis plusieurs fois, elles finiront peut-être par m'apaiser.

⚜

Mardi 5 décembre

*J*e mourais d'envie de la voir, et c'est chose faite ! J'ai vu, et même approché, celle qu'on affuble de tous les surnoms. Celle qui fait délier toutes les langues sur son passage, celle qui sépare la cour en deux camps irréductibles. J'ai nommé : Mme de Maintenon...

C'est en assistant hier à ma première soirée d'appartement que je l'ai aperçue. Anne, soulagée d'être pour une fois sans Éléonore et Henriette, m'a prise par la main. Elle m'a entraînée dans les sept grandes pièces en enfilade où trois soirs par semaine, d'octobre à Pâques le roi reçoit. « Nous nous devons tout entier au public », aime-t-il répéter. Que de monde !

J'ai reconnu le salon d'Apollon, où a eu lieu ma présentation. Le trône en argent massif est si monumental que je me demande comment j'ai pu passer plusieurs heures dans cette pièce samedi sans le voir !

– Vite, allons dans le salon de Diane, le roi y joue, paraît-il, une partie de billard acharnée !

J'ai suivi Anne en jouant des coudes parmi la foule attirée par l'attraction. Debout autour du billard, elle poussait des cris d'admiration. Des oh ! des ah ! faisaient écho à des soupirs d'exaspération : pfff ! pfff ! Ils provenaient des femmes assises sur les estrades. Gênées par les gens debout, elles se contorsionnaient pour ne pas perdre une miette du spectacle. Il était insolite : le roi presque couché sur le billard, visant une boule à l'aide d'une longue queue en bois.

La cohue devenait si dense qu'Anne m'a fait signe de sortir. Nous nous sommes retrouvées dans les pièces consacrées au jeu de cartes. Dans l'une, le salon de Mars, il y avait un tel vacarme autour des tables que nous avons fui. Dans l'autre, le salon de Mercure, ça n'était pas mieux ! Une femme, certes belle mais comme folle, était en train de renvoyer sa fille d'honneur sous prétexte qu'elle lui portait la poisse. En même temps, elle exigeait que l'on change de jeu de cartes.

– Parce qu'elles sont truquées, évidemment ! hurla-t-elle les joues rouges.

– Il s'agit de Mme de Montespan. Elle est une très mauvaise perdante, me souffla Anne à l'oreille.

Dans le salon de Vénus, j'ai tout de suite reconnu Madame de dos. Elle était en train de s'empiffrer de sucreries : des pâtisseries, des fruits confits disposées en pyramides sur des coupes en argent. On aurait dit une ogresse ! Je marquai un temps d'arrêt. Un peu gênée, je préférai filer dans la pièce suivante où des valets puisaient dans des grands vases d'argent toutes sortes de rafraîchissements. Au moment où je prenais le verre que me tendait un valet, Anne me dit :

– Derrière toi, la Maintenon !

Mes yeux roulèrent de curiosité. Dès que je pus, je me retournai pour mieux l'observer.

À quelques pas se tenait cette femme à l'élégance discrète, calme et mesurée qui ne laissait rien paraître si ce n'est de la sévérité, une grande froideur et un profond mystère. Mon dos fut parcouru de frissons...

Était-elle vraiment, comme tout le monde ici le clame, l'épouse secrète du roi depuis un an ? Quoi qu'il en soit, elle est « Mᵐᵉ de Maintenant » et « la machine qui mène à tout », selon les mots pleins d'esprit qui circulent. Championne de l'intrigue, elle tire les ficelles, pousse les pions et tisse patiemment son réseau. « On doit s'en méfier ! », dit Madame à qui veut bien l'entendre.

Jeudi 7 décembre

J'ai eu l'honneur d'accompagner Madame cette après-dînée à une promenade dans les jardins. Même s'il faisait froid et que je grelottais sous ma cape en drap, je ne le regrette pas !

Monsieur rechignait à sortir et répétait à son épouse qu'il aime les jardins mais préfère les siens au château de Saint-Cloud, sa résidence d'été !

Madame, impatiente de mettre le nez dehors, a fait, devant tout le monde sur la terrasse gelée, quelques spectaculaires embardées. Le roi, de fort bonne humeur s'est avancé vers elle.

Je retranscris le dialogue tel que je l'ai entendu :

– Madame, vous plairait-il de m'accompagner ? demanda le roi.

– Zire, ce zera une choie !

– N'auriez-vous point froid, Madame, car il s'est remis à geler ?

– Ah ! Zire, malgré ce chel, zeule une « cul-de-chatte » ne serait bas rafie de fous zaccompagner.

Un silence suivit. Puis un rire fort jaillit. C'était celui du roi : « ah, ah, ah, ah !... » Alors comme une onde, le rire se propagea. Au cercle le plus proche, puis aux suivants...

Monsieur, qui s'était senti obligé de venir, s'approcha de sa femme. Il semblait piqué au vif par la bévue qu'elle venait de commettre. Les lèvres serrées, il lui dit :

– Vous vouliez dire « cul-de-jatte » ?

– Madame a dit « cul-de-chatte », reprit le roi. Ne soyez point jaloux de l'accent drolatique de votre épouse ! Notre Madame a toute mon amitié.

Monsieur, quelque peu dérouté par cette volte-face, tourna les talons et partit ruminer son humiliation.

Madame, de son côté, jubilait, la bouche en cœur, aux côtés de son cher beau-frère. Elle était aux anges !

Henriette, qui était là, me prit à part :

– Ne vois-tu pas qu'elle est amoureuse du roi ? C'est une évidence !

Moi, ça m'a rendue perplexe. Comment ne pas être flattée par cet assaut d'amabilité venant du roi ?

– Je suis sûre qu'elle garde ce secret enfoui au fond de son cœur et qu'elle ne le révélera jamais, ajouta Henriette.

Quoi qu'il en soit, la petite histoire rapportée à la vitesse de l'éclair fit le tour des jardins, de la cour et du château. Toute la soirée, on ne parla que de « cul-de-chatte » en s'esclaffant.

Samedi 9 décembre

Bien au chaud dans ma chambrette où le feu crépite, je relis çà et là quelques lignes de mon journal. Je commence à mesurer tout le chemin parcouru depuis mon arrivée ici. Pour rien au monde, je voudrais revenir en arrière ! Même si le silence de marraine me contrarie et si la solitude me pèse parfois, je me sens de mieux en mieux dans ce pays-ci. Certes, il faut y jouer un rôle en permanence, faire bonne figure quoi qu'il advienne, se plier de bonne grâce à toutes les exigences du maître des lieux. Mais qu'aurais-je fait à la place ? Entrer au couvent en attendant que l'on me trouve un mari comme la plupart des jeunes filles de ma condition ? Rien qu'en y pensant, j'ai la chair de poule !

Lundi 11 Décembre

J'en suis encore toute tremblante et ma main peine à écrire. Devant moi, se trouve un fatras de papiers dépliés et posés en tas sur mon lit.

Ils gisent là, inertes et tout bêtes alors qu'ils ont fait sur moi l'effet d'un jet d'eau projeté en plein visage. Mon cœur bat vite dans ma poitrine et je respire profondément pour calmer mon courroux.

Comme à son habitude, Dorine la curieuse a toqué tout à l'heure à ma porte et a passé la tête dans l'embrasure. Elle voulait savoir ce qu'il s'était passé avec l'homme de loi revenu ce matin.

– Si ce sont des papiers de haute importance, je ne vous conseille pas de les laisser dans votre chambre. Ici, au palais, on entre et on sort comme dans un moulin. Pas étonnant que les voleurs rôdent partout. Ils n'ont qu'à se servir !

Elle m'a pris la main pour m'entraîner dans la soupente où elle loge. Elle a tiré son lit et soulevé deux lattes de parquet où elle cache ses trésors.

– Vous n'avez qu'à en faire autant ! Ici ou dans votre chambre, ça sera plus sûr !

Puis, elle s'est approchée de moi pour me scruter.

– Vous, avec la mine que vous avez, ce ne doit pas être de bonnes nouvelles qu'il vous a apportées là !

Comment pouvait-elle être aussi indiscrète ? Mes joues ont rougi d'énervement. À force de mettre son nez partout, je n'avais pas envie de l'écouter et encore moins de lui répondre !

Me voilà donc revenue à mon écritoire. Comment procéder pour mettre en ordre ma pauvre tête et essayer de réaliser ce qu'il m'arrive ?

« Raconte-moi tout depuis le début et surtout exprime-toi lentement pour t'apaiser ! » me disait Margotte, rassurante, lorsque j'arrivais affolée dans la cuisine.

Alors je vais essayer en pensant à elle très fort.

Las, Henriette vient de toquer à ma porte. Madame l'envoie pour que je vienne faire la conversation à Philippe. Comme je n'ai pas envie qu'elle voie tous mes papiers étalés, je lui ai demandé de m'attendre dans le couloir. Je reprendrai tout à l'heure.

8 heures du soir

Même s'il est tard, j'ai l'esprit plus clair que tout à l'heure. Et à toi, cher journal, je peux tout confier...

Ce matin, l'homme de loi, escorté par Dorine, s'est présenté à la porte de ma chambre et a demandé à entrer. La vision de cette personne tout de noir vêtu, à l'air lugubre, m'a glacé le sang.

– Ai-je l'honneur de parler à Angélique de Barjac née de Samuel de Barjac et de Marthe de Suze ?

Que voulait donc cet oiseau de mauvais augure ?

– Vous apprendrais-je, mademoiselle, que vous êtes l'unique descendante de la lignée des Suze étant donné que le dernier représentant, un de vos cousins, vient de s'éteindre ?

– Je l'ignorais, répondis-je calmement tout en me demandant de quel lointain cousin méconnu il s'agissait.

– À sa mort, il a demandé à son officier de loi, que je représente, de vous remettre des documents apparte- nant à votre famille. Les voici.

Il plongea la main dans sa cape et en ressortit un paquet de lettres maintenues par une ficelle.

– Veuillez apposer, s'il vous plaît, au bas de cette page, votre signature pour accuser réception de ce colis, ainsi que la procuration de mon confrère qui m'a diligenté pour accomplir cette tâche.

J'exécutai en regardant l'objet que l'homme avait apporté avec tant de cérémonie. Il le déposa délicatement sur la tablette de la cheminée puis s'en alla me laissant, les yeux rivés sur ce tas de papiers.

Je le retournai dans tous les sens, tirai sur la ficelle et, à la lumière tremblotante de ma chandelle, je dépliai feuille après feuille. Elles laissèrent s'échapper une odeur de renfermé et certaines portaient des sceaux intacts. Devais-je les défaire ? Il y avait des actes notariés concernant des propriétés dont je ne connaissais même pas les noms. Des déclarations indéchiffrables, des chartes à l'écriture presque effacée, et puis ces plis scellés plus petits que les autres que je me résolus à ouvrir...

Ma vue est en train de se troubler. J'ai beau combattre ma fatigue mais le sommeil est plus fort. Il me gagne et m'alourdit comme un plomb. Impossible de continuer ce récit. Je le laisse là.

3 heures du matin

Mon sommeil me joue des tours et je me sens réveillée comme en plein jour. Je fais les cent pas dans ma chambre. La nuit est d'un noir profond, les masses sombres des bâtiments ont un air inquiétant.

Heureusement, il y a la petite lueur de ma chandelle que je viens de rallumer et mon désir de raconter tout jusqu'au bout. Je reprends donc...

Le premier pli cacheté que j'ouvris portait mon nom. C'était mon certificat de baptême. Je possédais le même. Marraine me l'avait remis le jour où j'avais quitté Paris au cas où il m'arriverait malheur. Sans doute une copie de l'original que j'avais sous les yeux... Par quels détours était-il arrivé entre les mains d'un cousin que je ne connaissais pas ? Mystère...

Je réussis à lire tant bien que mal l'autre pli. Je reconnus les signatures de mon père et celle de ma mère apposées au bas de leur certificat de conversion à la religion catholique.

Ma main s'est mise à trembler. Je l'ai rapprochée de la chandelle et, en lisant lentement le manuscrit, je me suis sentie oppressée, envahie par une douleur diffuse. Subitement, ce que marraine m'avait révélé il y a quelques mois m'atteignait au plus profond de mon être. Je m'imaginai mes parents, la mort dans l'âme, déchirés entre l'envie de préserver leur religion protestante et la volonté de me protéger. C'était le 20 juillet 1671, soit cinq jours après ma naissance et autant avant la date de mon baptême. Leur conversion avait dû être obligatoire pour que je devienne catholique. Mes pauvres parents, quelle souffrance !

Ça n'était pas tout. Dans le dernier pli cacheté était enfermée une lettre portant la jolie écriture de maman, vive et élégante. En la dépliant, une médaille ronde sertie dans de l'or glissa sur ma table. Jamais je n'en avais vue de semblable ! Je la plaçai dans le creux de la main pour l'examiner. D'un côté figurait un cœur rouge entouré de pétales blancs. Sur l'autre côté, sur la surface dorée, étaient gravées très finement des lettres majuscules : S. B. De qui s'agissait-il ?

La lettre de maman me bouleversa plus encore. Elle était adressée à une certaine Louise (une parente ? une amie ?) à qui elle confiait une mission, si elle venait à mourir. Elle lui demandait de me remettre cette médaille, symbole protestant, offert par Joseph Théobon, orfèvre à Nîmes, un ami de la famille choisi comme parrain. Devait être aussi révélé le prénom qui m'avait été donné à ma naissance : Sarah. Il était tracé en lettres majuscules, « un prénom sorti tout droit de la Bible », avait écrit maman. « Compte tenu des intimidations qui ont suivi la naissance de notre fille, poursuivit-elle (je recopie intégralement le passage), nous avons dû nous résoudre à abjurer notre foi protestante. Quelques jours plus tard, a été célébré le baptême catholique de notre fille. Et Sarah, un prénom trop "protestant", a dû être changé. Nous avons choisi Angélique. »

Je saisis aussitôt la médaille. Les initiales sont donc les miennes : S. B., soit Sarah de Barjac, mon premier nom !

L'émotion est trop grande... Elle me fait tourner la tête. Je dois à présent me recoucher. La médaille que je vais glisser sous mon oreiller m'aidera sûrement à m'apaiser. D'ailleurs, je fais ici le serment de la garder sur moi quoi qu'il arrive.

Mardi 12 décembre

Comment dépasser mon désarroi ? Comment refermer les plaies qui ont été ravivées par ces lettres ? Où trouver du réconfort ? À qui parler de mon tourment ? Ce sont les questions qui ont tourné toute la journée dans ma tête sans trouver de réponse. Il est vrai que je suis bien lasse. À chaque pensée, les larmes me montent aux yeux. Je ferais mieux d'aller dormir. Mais pas avant d'avoir fait une chose : trouver une cachette pour y mettre à l'abri mes papiers précieux. Ce soir, le conseil de Dorine m'est revenu en mémoire. Il est sage. Dès que je quitterai cette chambre, je serai plus rassurée, même si la gardienne veille en ces lieux !

Ce matin, j'ai assisté au lever du roi. Il y a quelques jours, j'aurais tapé des mains, rougi d'excitation en apprenant que ma maîtresse m'accordait cette grande faveur. À peine remise de mes émotions, j'y ai participé avec distance et étonnement. Un ballet bien réglé, recommencé chaque jour, où les participants sont comme des pantins, sauf le roi, bien sûr, maître en tout, se prêtant volontiers au spectacle.

– Le grand lever sera bien suffisant ! avait lancé Madame. Vous vous recommanderez auprès du Premier Gentilhomme, il aura été prévenu.

En entendant ces mots, je devinai que le lever du roi ne devait pas être une mince affaire. En y assistant, je m'en suis vraiment rendu compte !

Se glisser dans la foule, jouer discrètement des coudes pour finalement regarder la porte à deux battants s'entrebâiller, s'ouvrir et se refermer ont été les premières étapes que je dus accomplir. Quand je parvins à dire mon nom à l'huissier, tout a été très vite. Dans une atmosphère feutrée où l'on n'entendait que chuchotements et bruissements d'étoffes précieuses, je pus enfin approcher le roi. Il était déjà entouré d'une centaine de personnes et, le plus naturellement du monde, buvait à petites gorgées son bouillon matinal vêtu de sa robe de chambre. Un autre flot arriva dans la chambre et me comprima encore un peu plus. Selon un cérémonial bien réglé, le roi s'habilla. La chemise de jour, d'abord, portée de mains en mains : celles du premier valet de chambre, du Grand Chambellan, du Grand Dauphin, puis, enfilée avec l'aide du Premier Gentilhomme. De quoi s'y perdre ! Ensuite la cravate, la veste, le justaucorps et la perruque. Il faisait de plus en plus chaud et, dans le plus grand silence, l'assistance poussait et se marchait copieusement sur les pieds. Le roi, lui, priait à côté de son lit, agenouillé sur deux gros coussins. Il se releva peu après, prit ses gants, sa canne et son chapeau et se dirigea vers la porte...

Quel soulagement ! je pus respirer à pleins poumons, défroisser ma robe dès que la mêlée se dispersa... Dire que c'est ainsi tous les jours !

Chaque moment ordinaire de la vie du roi est matière à spectacle et tout le monde doit s'y plier, même les plus grands seigneurs du royaume et sa propre famille !

Dimanche 17 Décembre

Il m'a été bien difficile de rester sereine à la messe ce matin. Tant de choses s'entrechoquaient dans ma tête ! Comment être en plein accord avec cette religion à présent ?

Elle a été la mienne jusqu'à maintenant. Je l'ai embrassée le plus naturellement du monde puisque c'était celle de ma famille proche. Mais voilà : mes parents ne se sont pas convertis à elle par conviction. Ils l'ont fait par raison, en éducateurs attentifs soucieux de me protéger, pressentant, déjà en 1671, que l'intolérance était en train de monter. Mais ils l'ont fait aussi et surtout, hélas, parce qu'ils en avaient été <u>obligés</u>, <u>forcés</u> (maman parle « d'intimidations » dans sa lettre). Je le sais maintenant !

Je suis donc devenue catholique sous la contrainte. En écrivant cela, un long frisson parcourt mon corps, tant cela me paraît insupportable ! Et si maman a chargé quelqu'un de me le révéler, c'est qu'elle l'a fait en toute connaissance de cause ! D'abord, elle voulait que je sache la vérité. Ensuite, elle souhaitait que je reste fidèle à la religion protestante. Sans mesurer, peut-être, la difficulté que cela représenterait. Mais plus j'y pense, plus je suis persuadée que c'était son vœu. Ma chère maman !

Lorsque le prêtre a annoncé, à la fin de la messe, et avec un large sourire, que les conversions de huguenots se multipliaient, j'ai serré bien fort les mâchoires pour me retenir de crier. Connaissait-il bien les circonstances dans lesquels elles étaient réalisées ?

18 heures

*J*e reprends la plume et me dis que Madame a bien eu raison de m'envoyer en promenade, de surcroît à la ménagerie, avec ses enfants. Tout le tourment qui s'était accumulé en moi disparut d'un coup. La seule vue de Liselotte et de Philippe après le dîner allégea mon cœur. En leur compagnie, je passai un moment fort gai.

Jamais depuis mon arrivée ici, je n'avais poussé aussi loin dans les jardins. En carrosse, nous avons cahoté un bon moment dans les allées avant d'atteindre ce lieu étrange : un gros pavillon à dôme s'élevant autour de sept petites cours. Philippe était très sage, il reconnaissait l'endroit où il était venu l'été dernier. Quant à Liselotte, on aurait dit un démon qu'on avait déchaîné ! En entrant dans la grotte froide et sombre, elle m'a serré la main inquiète. Puis du balcon du premier étage d'où on peut contempler tous les animaux, elle a hurlé de joie, tapé des mains, s'est penchée au-dessus de la balustrade. Je ne savais plus où donner de la tête pour la contenir ! Son frère a reconnu les pélicans, les grues... Et les autruches ! Elles nous ont fait tant rire ! Il fallait les voir dandiner leur derrière garni de plumes légères, dérouler leur cou et clore leurs paupières avec un air si sérieux ! On dit que le roi se régale à leur vue. Et moi, rien qu'en écrivant ces lignes, le sourire me vient aux lèvres... Il faudra que j'y retourne !

❦

Lundi 18 Décembre

*M*adame et Monsieur sont partis ce matin à Paris passer Noël.

– Je n'en ai aucune envie ! m'a-t-elle avoué hier en raccompagnant ses enfants. Le Palais-Royal est d'une tristesse à pleurer...

– Vous viendrez avec nous ? m'a demandé Liselotte en serrant sa petite main dans la mienne.

– Anchélique restera ici et nous reviendrons vite..., répondit la Palatine à sa fille.

Alors je me retrouve seule en proie à mon trouble et je tourne un peu en rond. J'ai beau relire des passages de mon livre de messe, je n'y trouve aucun apaisement...

Il me faudrait une bible. C'est, dit-on, le livre de chevet des huguenots. Il a été traduit en français. Je crois me souvenir l'avoir entendu de la bouche de marraine... Comment me le procurer ici à Versailles ? C'est impossible ! Heureusement, il y a M. Simon et sa grande bonté... Je suis allée lui rendre visite après le départ de Madame. Le nez plongé dans un grand livre déplié sur son bureau, il a bien vu que je tournais la tête partout en ouvrant de grands yeux. Alors, il m'a permis de visiter son antre garni d'étagères où sont alignés par centaines des récipients portant des noms latins et parfois français. J'ai repéré le coin des simples (plantes médicinales), celui des épices, puis je me suis mise à lire sur des étiquettes : foie et intestin de loup, cerveau de moineau, dent d'éléphant, mâchoires de brochet. Et tout en bas, scorpions, grenouilles, vers de terre, lézards et fourmis !

– Eh bien, Angélique, vous contemplez mes trésors ! déclara M. Simon, en s'approchant de moi.

Il prit le bocal « chair de vipère », et l'ouvrit. J'ai retenu mon souffle... Quelle déception ! La poudre grise n'était en rien spectaculaire !

Cet endroit me plaît. Dès que j'y pose le pied, tout ce qui me pèse s'envole, happée par les objets, les odeurs, les gestes des préparateurs…

Vendredi 22 Décembre

La journée a été glaciale. J'ai beau mettre des bûches dans la cheminée, mais le vent froid souffle si fort qu'il parvient à s'engouffrer partout. Il m'empêche de me réchauffer. Dorine, qui m'a vue rentrer grelottante, s'est empressée de m'apporter un bol de bouillon bien chaud.

— Auriez-vous perdu la raison, mademoiselle Angélique ? Ça n'est pas un temps pour sortir, il gèle à pierre fendre ! Votre marraine, si elle avait été là, vous l'aurait interdit !

Dorine a l'art de me mettre les nerfs à vif. Elle invoque marraine à tout propos et elle parle sans savoir. C'est justement parce qu'il gèle que je suis sortie !

— Le Grand Dauphin a décidé de faire atteler quelques traîneaux pour glisser sur le grand canal. Tous ceux qui ont le courage de braver le froid sont les bienvenus, a-t-il dit. Veux-tu venir avec nous ? m'a demandé la gentille Armande ce matin.

Il est vrai que l'idée m'a plu. Mes amies avaient pensé à moi et une promenade dans cet attelage insolite me réjouissait.

À l'embarcadère, le Dauphin, emmitouflé jusqu'au nez, nous a invitées à prendre place dans l'un des traîneaux. Il y en avait quatre et douze personnes – sans aucun doute les plus téméraires – pouvaient y tenir. Devant, les chevaux s'ébrouaient en rejetant de leurs naseaux de longs traits de vapeur. Ils pliaient leurs pattes, gênés par les fers à crampons qu'on leur avait mis pour les empêcher de déraper.

Pelotonnés les uns contre les autres, nous avons goûté les plaisirs de l'hiver comme à la cour de Suède ou d'Autriche.

Pendant que les patins en fer des traîneaux crissaient sur la glace, le spectacle des rideaux d'arbres saupoudrés de givre défilait. Une féerie ! Le vent froid nous mordait les joues mais cela ne me déplaisait pas. Il balayait mon tourment qui, depuis des jours, me tenaillait le ventre. Cette promenade me faisait le plus grand bien !

Dimanche 24 Décembre

*J'*ai attrapé froid. Une forte fièvre me cloue au lit depuis hier. Dorine est aux petits soins pour moi. Elle va et vient entre ma cheminée, où elle entretient le feu, et son potager où elle fait réchauffer bouillons et tisanes dans lesquels je m'efforce de tremper les lèvres...

Mais, il me faut arrêter là car je n'ai plus la force de continuer à écrire. Ma main tremble et ma tête paraît si lourde ! Je dois regagner mon lit. C'est, je pense, le mieux que j'ai à faire.

Mardi 26 Décembre

*L*a fête de Noël a été lugubre. Je l'ai passée au fond de mon lit, assistée de Dorine. Elle m'a dit que le roi avait passé les journées du 24 et du 25 décembre à la chapelle. J'aurai au moins été épargnée de cette contrainte !

Il me semble que je vais mieux depuis quelques heures. Sans doute grâce aux remèdes qui m'ont été ordonnés par les deux médecins de Madame venus ce matin. Ils ont été formels.

– Votre fièvre, mademoiselle, est due à la pourriture

allumée et entretenue par ces matières qui croupissent dans les flancs. Il vous faut un lavement qui devra être suivi d'une saignée afin de tirer le sang corrompu de vos veines, a dit l'un d'entre eux.

Ils ont donc ordonné un lavement et une saignée.

J'ai bien été obligée de me laisser faire par le chirurgien venu peu après. Armé d'une lancette et d'une grosse seringue, il s'est avancé vers moi, menaçant. La tête tournée contre le mur, les yeux fermés et les dents serrées, j'ai attendu qu'il ait fini de faire son travail...

Une bonne nouvelle annoncée par Dorine : Madame revient de Paris cette après-dînée.

Mercredi 27 Décembre

J'ai gardé la chambre toute la journée et je me sens aussi épuisée que si j'avais marché plusieurs lieues à pied. Les frissons me reprennent et ma tête paraît coincée dans un étau. Dorine passe me voir de temps à autre. Elle plisse le front et me lance un regard interrogateur. Elle a l'air inquiète...

Il me semble que je reviens enfin à la vie. J'ai fait quelques pas dans ma chambre que je n'ai pas quittée depuis des jours et des jours : une éternité !

– Ne vous fatiguez pas, mademoiselle. Écrire des lignes et des lignes, comme vous avez l'habitude de faire, vous prend toutes vos forces. Ménagez-vous, de grâce ! me souffle à l'oreille Dorine, celle qui a été ma garde malade dévouée et attentive. Heureusement qu'elle a été là !

Pendant trois jours, j'ai du mal à dire ce qui s'est passé. Je ne me souviens que de bruits de pas, de chuchotements, de visages penchés sur moi : celui de Madame, de M. Simon...

Il est revenu ce matin me rendre visite pour s'assurer que le quinquina, administré hier, continue de faire son effet.

– Je fais une grande confiance à cette poudre anglaise qui vient à bout de toutes les fièvres. Elle est en train de vous guérir, j'en suis certain !

Puis, en se penchant vers moi, il m'a chuchoté cette confidence qui m'a fait trembler :

– Chère Angélique, hier, vous avez dit des choses étranges dans votre délire lié à la fièvre. Vous avez parlé de vos parents, de leur foi protestante et d'une certaine Sarah. En prononçant ce prénom, vous aviez l'air si agitée !

Ensuite, il a mis sa main dans sa poche et m'a tendu ma médaille.

– Elle était tombée par terre. Je vous redonne cette rose de Luther en vous donnant un conseil. Mettez-la à l'abri et gardez-vous de parler de votre famille huguenote. Ici, nous sommes à Versailles et la moindre allusion à cette religion peut être mal prise...

– Monsieur Simon, comment savez-vous que cette médaille est une rose de Luther ? lui ai-je demandé aussitôt.

Il a détourné la tête sans répondre et s'est mis à parler de Madame :

– Vous ne vous souvenez sans doute pas de la colère terrible qu'elle a piquée dans cette chambre ? À faire trembler les murs !

Puis, il l'a imitée en haussant le ton :

– Ch'ai laizé ma fille d'honneur en parfaite zanté et che la retroufe à l'article de la mort. Quelle idée a traferzé la tête de mon nefeu, le Dauphin, en l'emmenant glizer sur la glaze par un froid de canard ? Il aurait mieux fait de chasser le loup comme il en a l'hapitude !

J'ai éclaté de rire. Content de son effet, il s'est relevé pour prendre congé de moi.

81

– La prochaine fois, c'est vous qui me rendrez visite !
Il m'en dira alors peut-être un peu plus ?

*Samedi 13 janvier
de l'an 1685*

Les jours courent et je me rends compte que je t'ai délaissé, cher journal. Il est vrai que mes fièvres m'ont laissée dans un tel état de faiblesse que, sitôt mon souper avalé, j'ai pris l'habitude de me coucher sans veiller.

Le métier de demoiselle d'honneur est exigeant. Il ne me laisse aucun répit. Surtout en ce moment où la cour est entraînée dans un tourbillon de fêtes.

– Ça vous étonne ? c'est comme ça tous les ans ! a affirmé Dorine, en me voyant souffler de lassitude. Avant chaque début de carême, le roi veut que sa cour s'amuse. Il y en a pour un moment d'ici le mois de mars !

Rien que d'y penser, la tête me tourne. Bals masqués, opéras, comédies se succèdent à un rythme effréné. Un soir, on tire les rois, le suivant, on joue l'opéra de Lully, *Roland*, dans le manège de la Grande Écurie, peu après, on donne un bal masqué, ensuite une comédie...

– Comme l'exige l'étiquette, votre participation est indispensable, mesdemoiselles ! surtout lorsque la Dauphine est malade. Le roi ne manque jamais de me rappeler que je « représente », à sa place, comme il dit. Et Dieu sait si cela m'ennuie mortellement !

Alors, comme Anne, Éléonore et Henriette je m'y plie que cela me plaise ou non.

M. Simon, l'apothicaire, m'accueille toujours de bonne grâce. Le plaisir qu'il me procure est infini. Dès que je mets le pied dans son officine, j'ai l'impression d'être à cent lieues des bruits et des fastes de la cour. J'aime la simplicité du lieu, ses odeurs, son silence et les gestes des préparateurs à l'ouvrage. Ce qui me plaît le plus est l'attitude de M. Simon. Du coin de son œil, il surveille tout. Il prodigue ses conseils, se lève pour aider un apprenti à la peine, donne des ordres avec fermeté et fait régner une grande sérénité.

Il m'autorise à me pencher au-dessus de son épaule pour regarder ses herbiers où s'étalent des feuilles sèches et des pétales endormis. « Mon trésor ! » dit-il, les yeux brillants de plaisir.

Quand je suis auprès de lui, il me rassure et je sais que, d'une certaine façon, il me protège. Même s'il n'en a jamais reparlé, je sais qu'il partage un petit peu de mon secret et cela me rapproche de lui. M'en dira-t-il un mot, un jour ?

Mercredi 24 janvier

Jamais je n'ai assisté à un tel déploiement de magnificence ! La saison des fêtes bat son plein et il faut avoir vu cela au moins une fois pour y croire !

Chaque jour est occupé à la fête qui sera donnée le soir. Madame en bâille d'ennui d'avance, mais elle est bien la seule !

Dans les corridors, les antichambres, les recoins des salons, ce n'est que chuchotements, confidences, secrets à demi dévoilés. De quelle affaire s'agit-il donc ? Des déguisements qui seront portés lors de la prochaine mascarade ou du futur bal masqué, bien sûr !

Toute la cour est en émoi. Particulièrement, la jeunesse proche du roi. Monseigneur le Dauphin, habituellement muet, docile, dressé à approuver les volontés de son père, mène la fête. Il entraîne dans son sillage son épouse la Dauphine, bien obligée de le suivre, ainsi que le duc de Bourbon, qui va être marié bientôt à une des filles du roi. Il faut les voir déambuler dans l'enfilade du Grand Appartement, vêtus de leurs déguisements qui font pousser des cris de surprise et d'admiration à toute l'assemblée.

Tel soir, Monseigneur apparaît avec un habit de chauve-souris et dans sa troupe, il est bien difficile de reconnaître le duc de Bourbon, un homme petit et bossu, sous son déguisement de femme alsacienne ! Un autre soir, celui-ci se présente en noble vénitien, alors que Madame la Dauphine apparaît en perroquet, comme toute sa suite !

Hier, masque obligatoire pour tout le monde. J'ai donc dansé le visage couvert de cet accessoire en tissu qui m'a donné bien chaud. Mais le jeu, qui consiste à deviner les personnes qui sont ainsi cachées, a été fort amusant. J'ai reconnu mes amies à leur chevelure et à leur façon de marcher. Madame était identifiable dès la première minute dans son accoutrement toujours aussi singulier. Je la soupçonnai, derrière son masque, de s'en donner à cœur joie : jeter des éclairs en direction de la Maintenon (qui elle aussi a dû se plier au jeu malgré elle), s'assoupir pour faire passer le temps sous le nez de toute l'assemblée sans être remarquée...

Le roi est aux anges. Il va d'un salon à l'autre, la tête couverte de son chapeau à plumet, adressant un sourire à l'un, se tournant vers un autre, pleinement satisfait de la gaieté ambiante. Il aime que l'on s'amuse et que l'on célèbre sa gloire. À la lumière des lustres, des candélabres et des flambeaux, tout est si beau !

Samedi 27 janvier

Aujourd'hui, jour de Sainte-Angélique. J'avais le cœur bien gros ce matin en me le rappelant. Qui pensera à moi ? Peut-être Margotte, à Paris, Jeanne-Marie et Armande, ici ?

Ma fidèle Dorine a frappé de bonne heure à ma porte, un bol de bouillon fumant à la main. Elle s'est dressée sur la pointe des pieds et a planté aussitôt deux baisers sonores sur mes joues. J'étais émue. Puis elle a fouillé sa poche et en a sorti un pli cacheté.

Un cri de surprise jaillit de ma gorge. Incroyable ! Inespéré ! Une lettre ! Une lettre de marraine ! Enfin ! La première depuis son départ, il y a trois mois ! Elle ne m'avait donc pas oubliée !

D'un seul coup d'œil, j'ai reconnu son écriture. Et tout à ma joie, les joues rouges d'excitation, j'ai déplié la feuille en m'asseyant.

Dorine a tout de suite deviné. Elle resta plantée un bon moment sur le seuil de la porte, attendant que je lui demande de se retirer.

Je n'ai pas mis beaucoup de temps à la parcourir. La lettre est brève, écrite avec un ton que je ne connais pas : distant, froid presque impersonnel. Que se passait-il pour que marraine s'adresse à moi de cette façon, du haut de ses ergots ? J'ai basculé de la joie intense à la déception amère. De son voyage dans le Languedoc, elle ne me racontait presque rien. Si ce n'est qu'elle habitait Nîmes et qu'elle battait la campagne en quête d'hommes de loi capables de mettre en avant ses droits (que cela voulait-il dire ?). Pas un mot sur son retour à Paris, seulement une longue litanie de questions à propos de ma vie ici à la cour. L'emploi auprès de Madame me convenait-il ? Avais-je réussi à me faire apprécier d'elle ? Est-ce que l'air venteux et humide de Versailles ne me rendait pas malade ?

Il m'est difficile de comprendre l'attitude de marraine si chère à mon cœur. Pourquoi a-t-elle attendu si longtemps avant de m'écrire ? Est-ce elle qui a chargé l'homme de loi de me remettre les papiers de ma famille ? Que signifie cette missive ? Que lire entre les lignes ?

Cette lettre a réveillé en moi mes doutes, mes angoisses, mes interrogations qui me rongent par intermittence. Ils tournent dans ma tête sans déboucher sur la moindre réponse. Par chance, j'ai ma médaille bien au chaud contre ma poitrine, le médaillon que je serre au creux de ma main, et ce tas de papiers non loin de moi. Ce sont mes trésors : ce que j'ai de plus précieux au monde.

Mercredi 31 janvier

Depuis quelques jours, une humeur chagrine m'a envahie. Du coup, j'ai bien du mal à accomplir mes tâches avec ardeur même si Madame, aidée de sa rude franchise, me fait retrouver le sourire de temps à autre.

Elle est, en ces temps-ci, de fort mauvaise humeur, pire, en colère contre son ennemie jurée, Mme de Maintenon. À la moindre apparition de cette personne, la Palatine a bien du mal à se contrôler. Elle ronchonne ouvertement devant elle, lui lance des regards noirs et laisse échapper entre ses dents des injures qu'Henriette m'a répétées : « Vieille ordure ! Sorcière ! Guenipe ! »

Voilà des mois, m'a dit encore Henriette que sa rancœur enfle contre cette femme. Elle l'accuse des pires choses : décacheter sa correspondance pour la lire, lancer aux trousses des personnes les plus influentes à la cour ses « garçons bleus » qui jouent le rôle d'espions, prendre des airs détachés alors qu'elle s'intéresse au plus près au pouvoir et aux intrigues.

– Mais ce n'est pas tout ! a continué Henriette. Le plus grand reproche que Madame lui fait est d'accaparer le roi et de le soustraire à la vue de tous ses proches, notamment elle. Madame en souffre.

Elle affirme aussi que sa rivale goûte le plaisir d'enfermer le roi chaque soir dans son salon. De lui faire la conversation assise à son fauteuil à oreillettes, sa broderie à la main, et de ne lui parler que de morale, de religion...

En effet, je sens ma maîtresse les nerfs à vif depuis quelque temps. Sa colère, qu'elle tente de contenir depuis un moment, déborde quelque fois. Finira-t-elle par exploser ?

Vendredi 2 février

Hier, à la demande de Madame, j'ai pris part au souper du roi « au Grand Couvert » dans l'antichambre de l'appartement de la Dauphine. La solennité du moment me glace encore. Comment, chaque soir, parvenir à faire bonne figure devant un public en s'adonnant au besoin le plus élémentaire de se nourrir ? Pour tout l'or du monde, je préfère ma soupe réchauffée sur le potager de Dorine ou celle du Grand Commun, parmi les officiers de la cour ! Si marraine m'entendait, elle serait outrée. Mais qu'importe, c'est ce que je pense !

Ce que s'impose le roi et ce qu'il impose à sa famille est bien pesant. Il faut être en représentation du matin au soir et se plier à tous les désirs du maître de maison. Ce ballet réglé de façon mécanique, et répété jour après jour, génère finalement un bien grand ennui. Jamais je ne pourrai m'y contraindre toute ma vie !

Le roi le mène avec le plus grand naturel. Assis dans un fauteuil à haut dossier, il occupe seul un des côtés de la table alors que ses enfants, son frère et sa belle-sœur sont installés sur des pliants sur les autres côtés. Quant à la foule, elle s'écrase dans la pièce, se tient debout, immobile et elle a chaud ! Qu'importe, elle est là, elle ouvre grand les yeux, pour pouvoir ensuite tout raconter...

La lenteur extrême du cérémonial donne à chaque geste une grande importance. Il faut voir comment les gentilshommes servants, les valets et les gardes exécutent chacun leurs tâches avec le plus grand sérieux ! Apporter les serviettes humides, tenir la soucoupe d'or garnie d'un verre couvert, découper les volailles, changer les assiettes...

Pendant le premier service où on a apporté les potages et les entrées, un silence lourd régnait entre les convives. Puis, les langues se sont déliées peu à peu quand les viandes furent déposées au centre de la table. J'observai comme tout le monde le roi, dont l'appétit était, hier soir, bien ouvert. Après quatre assiettes de soupes, et quelques gorgées de vin coupé d'eau, il avala, sous l'œil rond de Madame, un faisan entier, une perdrix, une grande assiette de salade. Et ce n'était pas fini ! Il continua par plusieurs tranches de jambon, du mouton au jus et à l'ail... Madame, qui d'habitude n'est pas en reste, en fut ébahie. On apporta le troisième service, le fruit. Il était composé d'assiettes débordantes de pâtisseries et de poires, ce dont raffole le roi. Monsieur, couvert comme à son habitude de bijoux et de rubans, n'avait pas beaucoup mangé. Il porta à la bouche avec gourmandise son couteau où étaient piqués quelques morceaux de Louise-Bonne.

– Cette espèce de poire est fort savoureuse, lança-t-il à son frère. La Quintinie (c'est le jardinier du potager du roi) a fait là une merveille !

Madame fit la moue. Elle piaffait d'impatience. Elle n'attendait qu'une chose : que le roi se lève de table, qu'elle lui fasse sa révérence et qu'elle regagne son appartement.

Lundi 5 février

*L*e petit secret que je viens de mettre au jour me laisse stupéfaite. Les cinq coups de l'après-dînée viennent de sonner à l'horloge de ma chambre et me voilà déjà la plume à la main pour en faire le récit.

Ce matin, de bonne heure, je suis descendue dans l'appartement de Madame où elle se trouvait entourée de ses chers enfants et de ses chiens. En arrivant, j'ai croisé Monsieur. Vêtu de bleu ciel et blanc de la tête au pied, il ressemblait à un gros nourrisson déguisé en vieux courtisan. Si j'en crois l'air pincé qu'avait son épouse, il était sûr qu'il venait de la réprimander.

Pendant que Liselotte tendait ses bras vers moi et que les chiens faisaient des grands bonds autour de moi, je l'entendais dire à sa gouvernante :

– Un fent maufais d'auztérité zouffle sur Verzailles ! Rendez-fous compte ! Le roi me fait dire par la pouche de Monzieur que che parle trop liprement au Dauphin et que che complote avec la prinzesse de Conti ! ch'y mettrai ma main à couper : z'est là l'œufre de la fieille zorzière, cette Mme de Maintenon !

Sa gouvernante hocha la tête en reconnaissant que Versailles avait bien changé :

– Depuis que cette femme est la préférée de notre roi, la cour ressemble à un tombeau. On s'y ennuie à mourir ! Il faut y être le plus triste possible pour être bien vu !

La conversation roula ainsi jusqu'au moment où Madame me chercha du regard. J'étais allongée sur le parquet de son salon, la tête sous un fauteuil, à la recherche de la poupée de Liselotte qu'un des chiens venait de saisir dans sa gueule.

– Anchélique ! Ma petite Anchélique, où êtes-fous ?

– Là, Madame ! répondis-je d'une voix étouffée.

En me relevant, je brandis ce que je venais de ramasser : la poupée dans une main et, dans l'autre, un livre qui ressemblait à un missel.

Aussitôt, Madame se jeta sur moi, hautement embarrassée, en criant :

– Ma *bibel* ! ma *bibel* !

Je compris qu'il s'agissait de sa bible. Elle prononçait le mot en allemand. Je la lui remis et, d'un air attendri, elle caressa sa couverture.

– Depuis que che zuis enfant, elle ne m'a chamais quittée !

– Mais, mais, mais..., bafouillai-je, c'est le livre des huguenots, euh... des protestants... !

Ses yeux se plissèrent et sa bouche esquissa un sourire.

– Ne safez-fous donc pas, chère Anchélique, que che zuis née protestante puisque che fiens du Palatinat, en Allemagne ?

En prenant place dans son gros fauteuil, elle continua, pendant que moi, ébahie, je restai suspendue à ses lèvres :

– Ze n'est ici un zecret pour perzonne puizque pour épouzer Monsieur je dus renonzer à ma relichion...

Elle poussa un long soupir et reprit :

– Oh ! za n'a pas été facile... ze qui était noir la feille était devenu planc... Il me fut défendu de ziter Luther et Calvin, les grands penseurs du protestantisme, reconnaître le pape et croire tout ce que dizaient les prêtres, zuivre la messe en latin...

La gouvernante entra. Madame s'interrompit et, brandissant sa bible, elle se pencha vers moi et murmura :

– Ch'ai gardé mon petit relichion à moi, Anché-lique. On n'oublie jamais ze que fos parents fous ont apporté...

Debout devant elle, je me tenais aussi droite qu'une statue, interloquée par ce que je venais d'entendre. Ainsi Madame, ma maîtresse, la deuxième dame du royaume de France avait été élevée dans la religion protestante et avait été obligée d'y renoncer pour la catholique, comme mes parents !

Je sentis aussitôt mon cœur happé par un grand élan de tendresse. J'aurais voulu me précipiter dans ses bras, l'embrasser et lui livrer d'un seul tenant tout ce qui s'agitait en moi depuis des semaines. Je me contentai de faire une longue révérence, les joues rouges d'émotion.

94

Mardi 6 février

Depuis la révélation d'hier, je ne tiens plus en place. Une seule chose m'importe : être seule avec Madame pour lui confier mon secret. Je sais qu'elle m'écoutera, qu'elle me comprendra et qu'elle n'en dira mot à personne. Elle aussi a été parcourue par les doutes. Elle aussi a été écartelée entre son devoir d'État et l'obligation de rester fidèle à ce qu'on lui a inculqué et à ce qu'elle croit. Je lui ouvrirai mon cœur. Elle m'inspire la plus grande confiance.

Samedi 10 février

Le jour commence à être un peu plus long : je vais pouvoir faire quelque économie de chandelles. Dorine me les donne avec parcimonie. Aussi ai-je constitué ma petite réserve que je garde bien à l'abri dans ma cachette. Il est vrai que noircir ainsi ces cahiers représente beaucoup de dépense en lumière. C'est mon petit luxe ! Mon réconfort surtout... Comment pourrais-je m'en passer, à présent ?

J'ai rendu visite à M. Simon avant de remonter dans ma chambre et, en sa compagnie, je n'ai pas vu le temps passer.

Comme à son habitude, il m'a fait un large sourire dès que je suis entrée et m'a invitée à m'asseoir auprès de lui. Il était affairé.

– Savez-vous que le quinquina, depuis qu'il a soigné Monsieur, et vous aussi d'ailleurs, fait fureur à la cour ? On ne jure plus que par lui et on se met à le prendre en boisson avant et pendant les repas pour prévenir les fièvres. Regardez, la liste de mes commandes en vin de quinquina... Je n'arrive plus à fournir ! Tenez, venez voir...

Il m'entraîna au fond de son officine. Là, un apprenti remuait avec une grande cuillère en bois le breuvage en préparation dans une grosse bassine.

– Du vin rouge, où macère de l'écorce de quinquina réduite en poudre. Il faut le tourner pendant une vingtaine d'heures avant de le filtrer...

Pendant que l'apothicaire parlait, un homme à l'air fort important s'avança. Je me mis en retrait tout en continuant à observer l'apprenti.

– Jean ! Jean ! Approchez, je vous prie ! lança M. Simon au garçon. Faites-vous remplacer par mademoiselle !

Je ne me fis pas prier. Je me penchai au-dessus de la bassine d'où s'échappait une douce odeur d'alcool et saisis la cuillère pour la tourner en élève bien appliquée. L'homme parlait à voix basse.

Après son départ, M. Simon revint vers moi et m'apprit qu'il s'agissait de M. d'Aquin, premier médecin du roi. Il était venu pour ordonner une préparation qu'il destine à son royal client : de l'eau vulnéraire mélangée à de l'eau de fleurs d'oranger. Un gargarisme pour remédier au trou à la bouche dont le roi souffre et qui dégage une mauvaise odeur.

J'ai opiné du chef. Ce n'est pas un secret : toute la cour le sait.

❧

Jeudi 15 février

Mon humeur est retombée au plus bas. Plus que jamais, j'éprouve le besoin de me confier à Madame...

Ce matin, elle s'est rendue auprès de la Dauphine. Depuis plusieurs jours, celle-ci ne quitte pas son appartement, immobilisée par un mauvais flux au ventre. Pendant sa visite, Madame m'a demandé de l'attendre. Plutôt que de rester plantée comme un piquet, je me suis dirigée vers la Grande Galerie, là où de nombreux courtisans et visiteurs flânent ou cherchent à tromper leur ennui.

Comme eux, pendant un long moment, j'ai déambulé sous la voûte des peintures débarrassée à présent de ses échafaudages. Les peintures de Le Brun apparaissent dans toute leur splendeur. Et on se tord le cou à admirer les scènes et surtout les couleurs si éclatantes ! Les reflets d'or dans les meubles d'argent, que je n'avais jamais vus de près, ont attiré mon regard. Le roi en est très fier. Il a sollicité les meilleurs orfèvres du royaume pour les ciseler. Consoles, torchères, urnes à orangers et tabourets, installés çà et là, se réfléchissent dans les miroirs qui donnent tant de majesté au lieu. Il y en a, paraît-il, trois cent cinquante-sept et ils font face aux fenêtres. Je m'en suis rapprochée pour contempler la vue splendide sur les parterres, les bosquets et le Grand Canal perdu dans la brume d'hiver.

Le nez collé contre la vitre, j'entendis des bribes de conversation qui m'ont fait dresser l'oreille. De quoi parlaient ces courtisans, près de moi, à l'air si échauffé ?

– De la vermine dont il faut débarrasser le royaume au plus vite, de ces hérétiques qui ont conclu un pacte avec le Diable !...

J'avais du mal à comprendre...

– ... Partout, on ferme les temples, on les démolit, voilà une sage décision ! dit l'un d'entre eux. Sans compter leurs écoles et leurs collèges !

J'avalai ma salive, interloquée. S'agissait-il des huguenots ?

– Notre roi, poursuivit un autre, a demandé qu'on lui fournisse dans le plus grand secret la liste de tous les réformés du pays... pour mieux les pourchasser et les punir... Il faut en finir et frapper un grand coup !

Ce que j'entendais m'horrifiait. Disaient-ils vrai ?

– ... D'ailleurs, au Poitou, reprit un troisième, l'intendant Marillac a montré l'exemple avec ses dragonnades : des troupes logent chez les plus inflexibles et restent tant qu'ils ne sont pas convertis. Voilà un moyen efficace appliqué partout à présent ! Et s'il ne suffit pas, les enfants peuvent être enlevés à leurs parents pour être confiés à une famille catholique ou à un couvent...

Mon cœur battait de plus en plus fort et, en écrivant ces mots, l'effroi étreint ma poitrine.

– Les courtisans ici sont bien naïfs... Ils tapent des mains quand on évoque les conversions. Ils ignorent que c'est par la force qu'elles sont obtenues. C'est de cette façon-là qu'on en viendra à bout !

– Angélique ! Angélique ! cria Henriette qui me cherchait au milieu de la foule.

Je la suivis, tant bien que mal, atterrée par tout ce que je venais d'entendre. Était-ce des contes, des ragots ? Il fallait à tout prix que j'en parle à Madame.

Mais ce fut impossible. Elle me fit dire qu'elle n'avait plus besoin de moi pour le reste de la journée. J'ai donc regagné ma chambre où je peux reprendre peu à peu mes esprits.

❧

Vendredi 16 février, 6 heures

*I*l fait encore nuit noire. J'ai décidé de me lever à la suite de ma nuit si agitée. Ma tête est embrouillée comme un tas de chiffons et il m'est bien difficile d'y voir clair.

Dans mon sommeil troublé a surgi une idée que je crois bonne : mettre à l'abri ce journal et ne le laisser sous aucun prétexte sur mon écritoire quand je m'absente. Si on se met à le lire, à éventer tout ce que j'y ai écrit par les temps qui courent, que m'arrivera-t-il ?

Cela me donne des frissons... D'ailleurs, il fait froid, le feu s'est éteint. Je ferais mieux de retourner dans mon lit.

100

*J'*ai réussi à voir Madame en aparté mais, hélas, ce fut de courte durée. Après avoir joué un bon moment avec Liselotte, je me suis sentie assez forte pour l'approcher :

– Est-ce vrai, Madame, tout ce que l'on raconte sur les huguenots ?

Assise, une lettre à la main, elle leva un sourcil, étonnée.

– Pourquoi me posez-vous zette question, Anchélique ?

– On dit qu'ils sont obstinés, qu'on les force à se convertir, qu'on arrache les enfants à leurs parents...

– Chutt ! dit-elle en mettant le doigt sur sa bouche. N'évoquez pas zette question ici.

Sa voix devenait de plus en plus basse et je dus me rapprocher tout près d'elle pour l'entendre...

– Avec les espions qui rôdent ici partout, che me méfie de tout. Il pourrait nous en coûter très cher ! Ce n'est ni le lieu ni le moment pour en parler... Plus tard, pas maintenant.

La surintendante de la maison fit irruption. Je dus m'éloigner de ma maîtresse.

Ce qu'elle a chuchoté me conforte dans l'idée de me rien laisser traîner ici. Il faut que je sois vigilante.

On maltraite les protestants, l'hiver est rude, les greniers, paraît-il, se vident... Mais tout ce qui compte ici, ce sont les fêtes et le temps du carnaval! Personne ne s'en lasse et tout le monde s'y plie dans une joyeuse insouciance. Le carême arrive bientôt. Est-il si austère dans ce pays-ci pour que l'on éprouve presque chaque soir l'envie de s'amuser de la sorte?

Pour se déguiser, le Dauphin est toujours le premier et son imagination ne se tarit pas. Un soir, il apparaît en seigneur chinois. Un autre soir, il a eu l'idée de se représenter avec son cousin et sa cousine en jeu de quilles. Il fallait le voir déambuler au milieu de nous en dodelinant de la tête, percée d'une fenêtre qui lui donnait de l'air! L'assemblée était ravie. Même Madame, avachie sur un tabouret, a haussé du col pour les voir passer en s'esclaffant!

Hier au soir, la vedette a été volée par Mme de Montespan, l'ancienne favorite du roi en disgrâce. Dans l'appartement où elle est reléguée, elle avait reconstitué une foire, comme celle de Saint-Germain à Paris. Aussi vraie que nature! s'exclamait-on. Monsieur était tout émoustillé. Il virevoltait d'une boutique à l'autre où les princesses, le visage couvert de masques, jouaient à la marchande. On mangea des petits pains comme dans une vraie foire et il avait même des tireurs de bourse, des faux ! Mais on dit que des vrais, des voleurs parmi les courtisans ont profité de l'occasion. Quels fourbes !

Toute cette futilité me rend mal à l'aise. La vie de cour vide la tête et réduit les courtisans à n'être que des fantoches autorisés à s'incliner, à s'extasier, à s'amuser, à se déguiser au moment où il faut... Quelle position étrange !

Mardi 27 février

H ier soir, il y a eu bal et j'ai dansé. Il y a quelques mois, cet événement m'aurait tout émoustillée. Mais à force d'être contrainte d'y assister, d'y voir des intrigues sans lendemain se nouer et tant de frivolités s'étaler, que ce moment ne m'amuse plus guère...

Seule la compagnie de Jeanne-Marie et Armande me plaît ainsi que danser. Encore faut-il être invitée. C'est ce qui m'est arrivé hier.

À la fin de la soirée d'appartement, alors que je jouais à la devinette avec mes amies en cherchant à reconnaître qui se trouvait derrière chaque masque, je me retrouvai face à Monsieur. Pas vraiment difficile de l'identifier celui-là avec sa perruque, ses dentelles et toutes ses fanfreluches ! Derrière lui se trouvait Madame à qui un page était en train de parler à l'oreille en tournant la tête dans ma direction.

Aussitôt, le jeune homme s'est avancé droit sur moi. Impossible de voir les traits de son visage car il portait un masque ! Néanmoins, sa prestance le rendait avenant.

Il s'est incliné en me tendant la main pour m'inviter à l'accompagner. Jeanne-Marie et Armande, tout près de moi, n'en croyaient pas leurs yeux. Contrairement à moi, elles désespéraient de n'être jamais invitées. Je leur aurais volontiers cédé ma place !

Dès les premiers accents des violons annonçant un passepied, j'ai été entraînée par les gestes vifs de mon cavalier et le rythme rapide de la danse qu'il fallait soutenir.

Sans trop de peine, j'ai retrouvé les pas enseignés par ce bon Léonard. En pensant à lui, avec la concentration la plus extrême, j'ai dansé de mon mieux. Un peu gauche au début, j'ai pris de l'assurance. Mes pieds, qui se croisaient et s'entrecroisaient avec ceux de mon cavalier, paraissaient glisser comme sur un miroir. C'était si amusant ! Les musiciens ont ensuite enchaîné par une gigue et là, j'ai tournoyé dans les airs. La tête me tournait mais je me sentais si légère ! J'aurais tellement voulu que ces instants durent plus longtemps !

104

Mais la musique s'est tue. Mon danseur masqué roulait des yeux et esquissa un large sourire. Il me lâcha la main puis s'inclina longuement en guise de remerciement. Le bal était fini. L'heure était au souper du roi.

Jeanne-Marie et Armande m'adressèrent un sourire un peu forcé, en s'éloignant. Elles étaient mortes de jalousie !

Je ne leur en veux pas. Leur tour viendra !

~❧~

Mercredi 7 mars

*C'*est aujourd'hui premier jour de carême. Les courtisans font grise mine. Le roi entend que cette année on le respecte à la lettre. Aucune entorse ne sera acceptée. Tout le monde y voit la marque de la Maintenon et de son austérité dans laquelle le roi verse de plus en plus. Jusqu'à Pâques, il n'y aura qu'un seul repas par jour où la viande et le vin seront interdits. Les soirées d'appartement se termineront plus tôt car les bals seront supprimés.

Trois fois par semaine, il y aura jeûne.

Le prêtre n'a pas manqué de le rappeler au cours de l'office à la chapelle. Il a demandé aussi que l'on prie pour les nouveaux convertis « afin que leur foi prenne de la force et s'enracine dans leur cœur ». Ces mots m'ont fait bouillir. J'enrage !

Mardi 20 mars

*E*n ce temps de renoncement, je ne devrais pas céder à de mauvais penchants. Mais je le confesse, la jalousie m'a un peu taraudée, cet après-midi... Faute avouée, faute à moitié pardonnée, a-t-on l'habitude de dire... Et que dire, alors, d'une faute avouée par écrit ? Serait-elle complètement absoute ? Que Dieu m'entende !

Dans les jardins, en courant après Liselotte qui s'amusait à se cacher, j'ai croisé Éléonore. Montée sur ses ergots, elle est passée devant moi en faisant semblant de ne pas me connaître. Pire, elle a même accéléré le pas, tout occupée à parler et à renverser la tête pour éclater de rire aux bons mots de son compagnon. Cette attitude m'a déplu. Mais ce qui m'a un peu troublée, c'est le jeune homme à ses côtés. Son allure, sa prestance, sa façon de marcher m'ont rappelé celui qui m'a fait danser au bal, il y a quelque temps... C'était lui, j'en suis sûre !

À cet instant, j'ai eu un petit pincement au cœur et envié ardemment Éléonore. Quelle chance d'avoir un ami avec lequel on échange des confidences, des secrets... et même des mots doux !

Angélique, que t'arrive-t-il ? Tu te laisses aller, voyons ! Je me ressaisis... De toute façon, ce jeune homme n'a pas les traits bien avantageux et il ne m'aurait jamais plu. Qu'il invite autant qu'il veut la belle Éléonore !

Samedi 24 mars

Mes inquiétudes, que j'avais mises en sourdine, reviennent plus fortes que jamais. Il y a le silence de marraine, ma solitude, difficiles à supporter, le secret de mes parents et leur ultime message, le sort préoccupant des protestants... Que de choses lourdes à porter ! Je les avais enfouies au plus profond de mon âme en pensant que le temps les arrangerait ou les rendrait plus légères. C'était une erreur ! Marraine ne m'a pas redonné de nouvelles, je me sens isolée, ici, et ma conscience religieuse est bien troublée.

Un jour, je me dis que marraine va revenir à Pâques, comme elle me l'a promis, qu'elle s'emploiera à apaiser mon tourment. Un autre jour, je vois tout en noir.

La cour m'apparaît comme une prison. Une prison dorée, mais une prison quand même, où, par moments, j'ai l'impression d'étouffer.

Heureusement, les beaux jours arrivent. Il me tarde de respirer à pleins poumons l'air tiède du printemps et de marcher le long des parterres et à travers les bosquets. J'y verrai peut-être un peu plus clair.

Lundi 26 mars

*T*oute la cour ne parle que de ça : du carême et de ses entorses qui se multiplient... le roi, offusqué, a donné l'ordre au grand prévôt de France (celui qui assure la police en ce pays-ci) d'ouvrir une enquête. « Tous ceux qui mangent de la viande pendant le carême doivent être dénoncés ! » a-t-il déclaré.

Du coup, un mauvais climat s'est installé. On soupçonne la Maintenon d'être derrière ce brutal raidissement. Les chuchotements vont bon train, on tient des conciliabules à l'abri des regards, dans les antichambres ou les corridors, en attendant que le roi paraisse. D'autres font du zèle, comme Monsieur, par exemple. À grands éclats de voix (pour que tout le monde le sache et retienne la leçon), il vient de renvoyer un des gentilshommes à son service. Pour quoi donc ? Pour un acte hautement condamnable : la personne est accusée d'avoir invité cent courtisans à un souper gras un de ces vendredis de carême ! J'imagine la tête effarée de Monsieur apprenant la nouvelle ! Lui qui cherche à être le meilleur élève en tout pour être irréprochable aux yeux de son royal frère...

Lorsque le fautif s'est présenté devant lui pour se disculper, la sanction a été sans appel : le renvoi et la punition de cent coups de bâton : un par invité !

Cela tourne à la comédie ! L'épisode court dans tous les salons et on se plaît à glousser, à s'esclaffer en l'entendant raconter, même si c'est la dixième fois !

D'ailleurs, une question me vient à l'esprit : est-ce que les protestants suivent le carême ?

Qui pourrait me répondre si ce n'est Madame ?

Mercredi 4 avril

*P*âques approche. Dans quelques jours, on entrera dans la semaine sainte. Verrai-je réapparaître marraine ? C'est mon vœu le plus cher. Dorine, qui veille sur moi comme une fidèle gardienne, m'a dit qu'elle en était sûre.

– Ne vous l'a-t-elle pas promis ? répète-t-elle pour

me rassurer. Le courrier circule mal. Les chemins sont embourbés au début du printemps. N'y voyez pas un mauvais signe !

Ragaillardie par cet espoir, j'accomplis mon service du mieux que je peux. L'air tiède et les arbres en fleurs m'entraînent dans les jardins où j'aime à me perdre, à sauter, à courir, comme les chiens de Madame.

D'ailleurs, elle aussi a retrouvé le sourire ou, du moins, elle ne bougonne plus depuis qu'elle a repris sa distraction favorite, la chasse. En compagnie du Dauphin, elle part des journées entières en grand équipage pour courir le cerf. Il y a quelques jours, elle est revenue crottée, décoiffée et mettant en avant sa grosse poitrine ! Sept cerfs à son tableau de chasse : un exploit ! Le roi, piqué au vif, a quand même applaudi des deux mains. Il fallait voir comme elle bichait, savourant son triomphe !

Dans quelque temps, elle ira au château de Saint-Cloud, sa résidence de campagne. Cette perspective la fait bouillir d'impatience. Moi aussi, d'ailleurs, car elle nous a promis (à nous, ses demoiselles d'honneur) de nous y emmener. Henriette, qui y a déjà résidé, dit que c'est une splendeur. Monsieur l'a embelli à grands frais. Là, Madame, libérée de l'étiquette de la cour, affiche une humeur plaisante. Dans les bois immenses entourant le domaine, elle aime surtout y multiplier

les promenades, les chevauchées et les chasses. Est-ce
là que je pourrai enfin lui parler ? C'est mon désir
le plus cher.

❦

Lundi 9 avril

*H*ier, en me promenant, j'ai rencontré M. Simon.
Accroupi dans l'herbe, il cueillait des plantes qu'il
disposait avec un soin extrême au fond d'un panier.
Pour lui faire lever la tête, j'ai dû m'approcher bien
près de lui : il était si absorbé ! Je lui ai proposé mon
aide, il m'a montré avec enthousiasme ce qu'il recher-
chait et nous avons passé un long moment, le nez
baissé, à récolter les « simples » selon son langage.

L'air était doux, le soleil nous chauffait le dos, les
oiseaux gazouillaient. Quels instants bénis ! Le crissement des pas sur le gravier des allées, annonçant le
passage de promeneurs, nous a à peine distraits. À
peine le temps de relever l'échine : c'était le roi,
marchant avec une grande lenteur, entouré d'une
nuée de courtisans !

M. Simon s'est alors rappelé qu'il avait une préparation à faire pour remédier au mal dont souffrait le

roi depuis quelques jours : une rougeur et une enflure au pied.

— Voyez-vous, me dit-il en regagnant le palais d'un pas alerte, ses médecins ont beau le supplier de manger moins de viande, de souper moins richement et de noyer son vin dans de l'eau, rien n'y fait ! Il engloutit toujours autant de ragoûts épicés, sans mâcher puisqu'il n'a presque plus de dents. Alors, c'est le corps qui s'enflamme !

Quand nous sommes entrés dans l'officine, un page, qui guettait l'arrivée de l'apothicaire, lui a remis une lettre. Pendant qu'il la lisait devant son bureau, j'ai déambulé entre les apprentis au travail, occupés à écraser ou à mesurer des substances que je ne saurais nommer. Tout en les observant, je relevai la tête vers M. Simon qui m'avait demandé de l'aider à disposer notre récolte dans un cahier pour la faire sécher. J'en brûlais d'impatience ! Mais plus je le regardais, plus je percevais en lui un grand trouble. Était-il en train d'apprendre de mauvaises nouvelles ? Cela ne faisait aucun doute. L'air grave, il lisait sa lettre, la relisait, la posait, la reprenait. Ses mains tremblaient et ses traits accusaient une forte inquiétude. Il posa un regard sur moi, plia sa lettre, la mit dans sa poche et m'adressa un sourire forcé.

— Angélique, pour la récolte, je verrai plus tard et Madame a sûrement besoin de vous...

Le ton de sa voix était triste et il me faisait comprendre qu'il voulait que je prenne congé de lui. J'ai balbutié quelques mots, navrée de le voir dans un si grand embarras.

⚜

Mardi 17 avril

Il pleut, un vent fort agite la cime des arbres et je compte les jours. Plus que cinq jusqu'à dimanche, fête de Pâques. Dois-je espérer le retour de marraine ?

En ce temps de semaine sainte, rien ne prête à rire. Les courtisans affichent un air de grande dévotion pour contenter le roi. Madame, contrainte de passer son temps à la chapelle, est d'une humeur exécrable et la nourriture maigre fait l'objet de toutes les conversations...

J'ai aperçu M. Simon. Son visage est plus que jamais fermé et je n'ai même pas osé lui parler de notre cueillette.

Alors, je me retrouve face à ma solitude. De temps à autre, je relis les pages de ce journal (en corrigeant mes fautes quand je les trouve) et feuillette mon livre d'heures pour m'aider à prier.

Marraine n'est pas revenue. J'ai le cœur gros et l'impression d'être trahie. Moi qui pensais qu'elle était digne de foi et qu'il fallait donner crédit à tout ce qu'elle disait ! Je me suis trompée. Un fort goût d'amertume remonte jusqu'à mes lèvres. Faut-il me résoudre à reconnaître qu'elle m'a abandonnée ?

Je doute d'en avoir la force... Combien de temps alors faudra-t-il endurer cette incertitude, cette absence, ce silence ? Tout cela est inexplicable, si difficile à vivre !

On frappe à ma porte. Ce doit être Dorine... Elle est bien navrée de me voir si déçue. Elle qui soutenait que marraine serait là quoi qu'il arrive le jour de Pâques !

Je reprends mon écriture, la bouche pleine. La gentille Dorine vient de m'apporter des massepains. Elle ne sait pas quoi faire pour me réconforter. Je les savoure un à un en prenant mon temps.

Mercredi 25 avril

Les plaisirs des saisons se succèdent mais ne se ressemblent pas. Il y a quelques jours on se rendait aux soirées d'appartement. À présent le temps des distractions de plein air est venu.

Pour s'y adonner, le roi accompagné d'une poignée d'invités se rend à Marly, son nouveau domaine. C'est sa dernière tocade, sur le point d'être achevée. On joue des coudes pour être admis à y aller et à l'admirer.

À Versailles, il y a aussi le Trianon de porcelaine où le roi offre des collations. Je compte bien m'y promener un jour à pied lorsque je serai pleine de courage. Les pavillons recouverts de carreaux de faïence bleue et blanche et entourés de parterres sont, paraît-il, du plus bel effet. Les courtisans y vont en carrosse ou par l'eau, à travers le Grand Canal.

Hier, non loin de là, en courant après Liselotte du côté du bassin d'Apollon, j'ai assisté à de grandes manœuvres. Je n'en croyais pas mes yeux ! Un groupe d'hommes était en train de mettre à l'eau des bateaux destinés à voguer sur l'eau. Ce n'était pas une mince affaire puisqu'il a fallu tirer sur des rondins toute la flottille : une galiote, une galère, des chaloupes, des barques et deux gondoles ! Liselotte battait des mains, et moi, j'étais subjuguée. Je n'avais jamais vu des bateaux d'aussi près et je ne pouvais imaginer que de tels bâtiments vogueraient là, sur l'onde du Grand Canal !

En tendant l'oreille vers les gens qui conversaient, j'ai appris que le roi avait donné l'ordre de recruter des marins.

– Afin qu'une soixantaine par jour se tiennent à sa disposition ou à celle de ses courtisans lorsqu'ils voudront s'embarquer, dit une personne qui paraissait bien renseignée. Sans compter les six gondoliers, dont quatre viennent de Venise, ajouta-t-elle.

Cela m'a donné l'envie d'y naviguer un jour. Est-ce si saugrenu ? N'y ai-je pas déjà glissé cet hiver alors que le canal était pris dans la glace ?

Jeudi 3 mai

Je peux enfin respirer profondément sans avoir la poitrine étreinte par l'angoisse. Ça y est, j'ai pu me retrouver seule avec Madame et lui parler ! Cela s'est passé hier à Saint-Cloud au pied de la grande cascade qu'elle tenait à me montrer. Le prétexte pour que sa suite reste au château pendant que je l'accompagnais.

En ouvrant mon cœur, mes larmes ont jailli pareilles à l'eau ruisselant le long des petits bassins disposés en gradins. Au moins, j'étais en harmonie avec le décor ! Encouragée par son regard bienveillant, je lui ai tout confié un peu pêle-mêle : la révélation de marraine avant mon départ à Versailles, les papiers de famille et la lettre de maman évoquant mon baptême, et le changement de mon prénom...

– Je comprends votre embarras, petite Angélique. Un secret de cet ordre est bien lourd à porter. Zurtout en ce moment à la cour !

Elle parlait lentement et son accent germanique avait presque disparu.

Avec affection, elle me prit le bras et continua après un long silence :

– Il m'est bien difficile de prendre pozition... Ma place auprès du roi me l'interdit et m'oblige à la plus grande vigilance. En permanence, on cherche à utiliser tout, même la moindre broutille, pour intriguer, faire enfler la rumeur, monter une cabale dans le but de me déconzidérer. La vie à la cour est trompeuse. Elle n'est pas faite que de plaisirs ! elle est semée de déceptions, de cruautés et de trahizons... Je l'ai appris.

Je restais suspendue à ses lèvres. Devais-je comprendre qu'elle ne pourrait rien pour moi ? Je le pressentais

117

mais sa sincérité me touchait et cela me suffisait. L'eau, en se déversant, murmurait et m'apaisait.

– Je peux tout au plus vous donner quelques petits conzeils, chère Angélique. Laissez parler votre cœur et faites ce qu'il vous dira... Priez notre Dieu. Priez-le autant que vous pouvez. Après tout, n'est-il pas le même que l'on soit protestant ou catholique ? C'est l'aveuglement, l'intolérance qui cherchent à en faire deux différents ! Quand je pense à zes malheureux huguenots obligés à renier la foi de leurs pères, aux enfants arrachés à leurs parents, cela me révolte. Mais ce qui est bien pire, c'est que je ne peux le dire !

Le ton de sa voix venait de changer. Il était devenu brusquement plus virulent et ses joues s'enflammaient de colère.

Dans cet élan, je mis la main sous mon corsage et en sortis ma médaille. Elle se pencha et aussitôt s'exclama :

– Une rose de Luther ! d'où la tenez-vous ?

Elle l'examina pendant que je lui racontais qu'elle m'avait été offerte à ma naissance. Les initiales S. B. correspondaient à mon prénom d'origine, Sarah, suivi du B de Barjac.

Avec un air attendri, elle s'empressa de m'expliquer, avant que je le lui demande, ce que signifiait le dessin.

Pour ne pas me tromper, pendant que je suis en train d'écrire, je viens de poser la médaille sur mon cahier, devant moi.

Elle posa son index au centre.

– La croix noire rappelle la foi dans le Christ et za mort sur la croix. Elle est dessinée sur un cœur rouge. Il représente celui des chrétiens qui doivent aimer comme Jésus a aimé.

Elle déplaça son doigt sur la rose blanche entourant le cœur.

– Elle a cinq pétales. C'est le symbole de la joie et de la paix. Puis, le fond bleu. Il évoque le ciel et le bord en or, l'éternité…

Je buvais ses paroles pour les retenir et les graver dans ma mémoire.

– Comment savez-vous tout cela ? m'écriai-je, un peu gênée par ma familiarité.

– Tous les protestants connaissent zette médaille, voyons ! s'exclama-t-elle en la remettant dans ma main.

Elle a ri aussitôt de bon cœur et nous avons contourné la cascade pour regagner le château.

Je n'avais qu'un seul regret : que cette conversation s'arrête là. J'aurais tellement aimé qu'elle se poursuive ! Il y en aura peut-être encore d'autres ? En attendant, il me faut méditer ses paroles que je viens de retranscrire.

Samedi 5 mai

Le printemps triomphe ici dans toute sa majesté. Les feuilles des arbres forment des voûtes ombragées, l'air embaume de parfums subtils et la lumière vive scintille sur les nappes d'eau des bassins et du Grand Canal. En contemplant la beauté de cette nature, je me sens renaître. Elle me donne à la fois de la légèreté et une grande force.

Comme cette médaille serrée sur mon cœur... À présent, elle n'évoque plus seulement le souvenir de mes parents, mais aussi bien d'autres choses depuis que Madame me les a apprises : des lignes de conduite que je vais m'efforcer de suivre.

J'ai croisé M. Simon dans l'aile du Midi. Il m'a invitée à venir le voir pour me montrer l'herbier réalisé avec la récolte que nous avions faite ensemble. Il s'efforçait d'être avenant, peut-être un peu gêné par l'attitude étrange qu'il avait eue l'autre fois. J'ai trouvé que ses traits étaient tirés. Sa charge est lourde. Est-ce la santé du roi qui lui donne cet air chagrin ?

Mardi 8 mai

Quelle histoire ! Comment aurais-je pu imaginer qu'il m'arrive pareille aventure ?

En cette après-dînée, j'ai été, bien malgré moi, au cœur d'une circonstance la plus inattendue. Je la raconte...

Comme Madame me l'avait demandé, je me dirigeai vers la ménagerie où la gouvernante m'attendait avec Liselotte.

– Vous irez en carrosse, Angélique, c'est bien trop loin à pied !

Pour elle oui, pour moi, non ! Je l'ai remerciée et, pleine de courage, j'ai entamé ma longue promenade. D'abord à travers les jardins magnifiques puis le long de la rive gauche du Grand Canal. L'air était chaud, les abeilles bourdonnaient comme un jour de plein été et j'avais en ligne de mire le grand bassin à la croisée du Petit Canal. C'était là que je devais changer de direction pour gagner la ménagerie. Tout à mes rêveries, j'entendis subitement un cri déchirer le silence :

– À l'aide ! À l'aide ! Je vous en supplie !

Cela venait du côté du canal. Stupeur ! J'y vis une dame apeurée debout sur une barque qui tanguait dangereusement dès qu'elle faisait le moindre mouvement. La passagère montrait dans l'eau une tête et des bras surgissant de temps à autre à la surface, puis disparaissant. Je compris qu'il s'agissait d'une personne tombée à l'eau sur le point de se noyer.

– Mon Dieu, c'est horrible ! Faites quelque chose !

Le ton de la femme était désespéré. Que pouvais-je faire ?

Il ne me fallait pas réfléchir trop longtemps. Je m'enfonçai aussitôt dans la forêt pour ramasser une longue branche qui servirait de perche. Dès que je la trouvai, je la traînai aussi vite que je pus jusqu'au bord du canal et la dirigeai vers la personne à secourir. Une de ses mains la toucha puis la saisit. De toutes mes forces, je réussis à tirer sur la branche pour attirer le malheureux (c'était un homme) jusqu'au bord. Il arriva lentement.

Quel soulagement ! Il était sauvé !

Échevelée et haletante, je dus reprendre mon souffle. Mais le sauvetage n'était pas achevé. Il fallait secourir la dame de la barque ! Par le plus heureux des hasards, un carrosse passa non loin de là. Je courus vers lui pour l'arrêter. Son cocher vint prêter main-forte et, quelques instants plus tard, il fit monter dans sa voiture les deux rescapés encore tremblants d'émotion.

– Madame de Montmorin et voici Charles, mon fils, vous avez été notre providence mademoiselle, comment vous remercier ? balbutia la dame qui avait retrouvé un peu de sa prestance.

Le carrosse s'éloigna et je pus enfin soupirer de soulagement. Que se serait-il passé si l'homme n'avait pas pu sortir de l'eau ? La destinée de chacun est décidément bien insondable !

Mercredi 9 mai

Jour de gloire d'Angélique de Barjac, la sauveteuse du Grand Canal !

Dès ce matin, on m'a saluée, on s'est même prosterné devant moi pour me féliciter de mon acte d'héroïsme. Toutes ces louanges sont bien excessives. Elles pèsent lourd sur mes épaules et me mettent mal à l'aise. Pourquoi accorder autant d'importance à des gestes que j'ai faits sans réfléchir ? J'avais été là et j'étais venue en aide, voilà tout !

En entrant chez Madame, l'homme sauvé de la noyade était là, debout. Je le reconnus vaguement. Dès qu'il me vit, il s'avança vers moi.

– Mademoiselle, je voulais, ce matin, vous redire toute notre gratitude… Vous avez fait preuve d'un tel sang-froid, d'une telle présence d'esprit et je dois reconnaître que, sans votre concours, je serais mort noyé ! Dans le Grand Canal, un comble, tout de même !

L'homme était en fait un jeune homme âgé de dix-huit ans à peu près. Quelque chose en lui me déplut aussitôt mais je ne saurais dire quoi. Était-ce son air affecté, sa façon prétentieuse de se tenir ou son visage peu gracieux ?

J'ai bredouillé quelques mots de remerciements et il a souri. Puis, il a pris congé de moi...

Jeudi 17 mai

*I*mpossible d'espérer échanger le moindre mot avec Madame. Elle est trop accaparée par toutes les obligations liées à la visite du doge de la République de Gênes ! Pour l'éblouir et faire une démonstration de sa puissance, le roi n'a rien négligé. Réceptions, visites, promenades, bals se succèdent depuis deux jours. Jamais, il ne m'avait été donné de voir un tel étalage d'apparats ! On passe du faste à la magnificence, de l'éclat à la solennité... Le roi parade. Sa cour, flattée par tant de luxe, l'escorte et fait bonne figure.

Elle piétine, avance, se prosterne. Pareille à un grand troupeau, elle exécute tout ce qu'on lui dit de faire.

Mardi, dans la Grande Galerie où le roi était assis sur son trône d'argent, la cohue était indescriptible. Happée par la foule, j'ai perdu de vue Anne, Henriette et Éléonore en me faisant écraser les pieds copieusement mais je me suis retrouvée non loin de celui que j'avais sauvé des eaux.

– Mademoiselle Angélique ! s'est-il exclamé.

Je n'avais pas grand-chose à lui dire. Mais il est resté à mes côtés tout le temps de la réception. Et elle a été interminable !

Ce matin, dans les jardins, tout le monde était réuni pour admirer toutes les fontaines du bassin de Neptune en action pour la première fois. Mêlée à la foule, je l'ai vu à nouveau s'approcher de moi. Anne et Henriette ont échangé entre elles un sourire entendu et Éléonore a chuchoté :

– Votre futur danseur, Angélique !

Je bouillonnais de l'intérieur. De quoi se mêlait-elle ? Qu'en savait-elle ?

Quand Charles de Montmorin (je me souviens de son nom) m'a proposé de l'accompagner cette après-dînée à une promenade, j'ai eu assez d'audace pour lui répondre que cela m'était impossible.

Dimanche 27 mai

Ce que j'ai entendu ce matin en sortant de la messe m'a inquiétée. Des courtisans, en chuchotant à côté de moi, ont reconnu que les conversions massives annoncées jour après jour paraissent bien suspectes.

– Où veut en venir le roi ? s'est interrogé l'un d'entre eux.

– Qu'est-ce qui pousse les protestants à renoncer à leur foi par provinces entières ? a renchéri une dame.

– Madame, lui a répondu son voisin en baissant la voix, vous êtes bien naïve !

Puis le groupe s'est dispersé.

Faut-il comprendre que l'on continue à contraindre, à violenter ceux qui osent affirmer leurs différences ?

Lundi 28 mai

Jour radieux ! Madame a eu la grande bonté de m'entraîner du côté du potager du roi et je recopie tout de suite la prière qu'elle m'a récitée de peur de l'oublier :

J'aime mon Dieu, car lorsque j'ai crié
Il sait qu'Il a ma clameur entendue
Et puisqu'Il a son oreille tendue
En mon dur temps par moi sera prié

– Che récite ce pzaume et che le médite dès que le trouple m'enfahit, m'a-t-elle confié. Z'est ma goufernante, dès mon plus cheune âche, qui me l'a appris. En allemand, bien zûr...

Quelle circonstance l'avait-elle rendue si aimable, si disponible à mon égard ? En sillonnant les allées où mûrissaient les fruits et les légumes servis à la table du roi, je me suis sentie en grande confiance. Alors, comme je brûlais depuis si longtemps de lui poser des questions, j'ai osé. Pêle-mêle, dans le désordre, je lui ai demandé : quelles sont les différences entre la foi des catholiques et celle des protestants, vont-ils à la messe ? ont-ils une façon particulière de pratiquer, etc.

– Tout doux ! che ne peux pas répondre à tout d'un zeul coup ! a-t-elle lancé pour calmer mon ardeur.

Puis, avec un ton posé, comme l'aurait fait Mlle de la Source ma préceptrice, Madame m'a parlé de la Bible, de sa place centrale chez les protestants. Pour eux, a-t-elle précisé, elle contient la parole de Dieu et rien d'autre ne compte en dehors de cela. Cette phrase m'a paru un peu obscure... Qu'entendait-elle par-là ?...

En parlant, elle tournait de temps en temps la tête. Pour vérifier probablement que personne n'était en train d'écouter.

127

Je sens à présent une grande force monter en moi. Ces conversations me font du bien et m'éclairent peu à peu dans ce long tunnel où je me trouve.

❧

Lundi 4 juin

Je commence à croire que je ne suis pas comme tout le monde. Pourquoi est-ce à moi que toutes ces aventures arrivent ?

Cette journée me laisse un goût désagréable. J'aurais mieux fait, une fois de plus, de rester bien tranquille ici. Pourquoi suis-je allée assister à ce carrousel alors que Madame n'y était pas ?

La pauvre n'a pas eu le courage de s'y rendre. Son chagrin est si grand ! L'annonce de la mort de son cher frère, voilà quelques jours, lui a poignardé le cœur. Elle est si cruellement atteinte qu'elle ne parvient pas à surmonter sa peine. Quelle tristesse de la voir murée dans son silence, livide et l'air si désespéré ! Cela me fait bien mal.

Quand Henriette est venue me chercher, tout excitée, pour assister au spectacle du carrousel, je n'ai pas voulu la décevoir.

– On le prépare depuis des mois, il est impossible de t'y soustraire. Tu seras éblouie, j'en suis sûre !

Mon amie avait raison. Le cortège des pages portant des costumes chamarrés précéda l'arrivée des cavaliers vêtus encore plus magnifiquement. Leurs broderies d'or et d'argent étincelaient sur les habits de velours rouge ou noir. Ils exécutaient des mouvements parfaitement réglés, rythmés par les trompettes et les timbales. Une grande splendeur !

– Mademoiselle Angélique, me feriez-vous l'honneur d'assister à la fin de ce spectacle en votre compagnie ?

Avant de voir Charles de Montmorin, j'avais reconnu sa voix.

Lui encore ! J'avalai ma salive en sentant que le dépit chauffait mes joues. Combien de temps encore allait-il me poursuivre de la sorte ?

Sa présence a aussitôt gâché mon plaisir et je n'avais plus qu'une idée en tête : partir pour me débarrasser de lui. Il fit quelques remarques d'une grande platitude. Mais son air, surtout, me déplaisait tellement !

Dès que les troupes se retirèrent, j'ai essayé de me perdre dans la foule, mais, peine perdue, il me suivait toujours !

Alors, j'ai relevé mes robes pour courir aussi vite que possible. En un éclair, je me suis retrouvée, haletante, au pied de l'aile du Midi. Mais là, stupeur, il m'avait rattrapée !

Le souffle court, une lueur méchante traversant son regard, il se précipita vers moi en saisissant avec violence mes deux bras. Comme une furie, je me suis débattue dans tous les sens, pendant qu'il ânonnait :

– Angélique, ma belle Angélique, écoutez-moi.

– Non, monsieur ! Jamais !

Et je me suis enfuie, montant quatre à quatre les escaliers jusqu'ici...

A-t-il compris ? En suis-je quitte ? j'ose l'espérer.

Mercredi 6 juin

Hier, en me rendant auprès de Madame, j'ai tout raconté à Henriette.

– Qu'as-tu à tourner la tête de la sorte ? Serais-tu à la recherche de ton chevalier servant ?

Je me suis arrêtée net en lui répondant un peu vivement :

– Ce que je recherche, vois-tu, c'est avant tout à l'éviter !

Et puisque c'était elle qui abordait le sujet, je lui ai narré ce qui s'était passé lundi à l'issue du carrousel.

– Tu as raison de t'en méfier, répliqua Henriette.

Si je fouille bien ma mémoire, je crois avoir vu cet homme il y a quelques jours en grande conversation avec la Maintenon. Il est fort possible qu'il appartienne à son clan. La favorite étend chaque jour sa puissance, et son réseau d'obligés ne cesse de grandir. Ça l'arrangerait bien de savoir ce qui se passe du côté de Madame !

Cela m'a rendue un peu perplexe. J'avais du mal à croire Henriette. Mais après tout... la plupart des gens, ici, ne sont animés que par une seule chose : leur propre intérêt. Et pour le faire valoir, ils sont prêts à tout.

❦

Mardi 12 juin

Hier, à la chapelle, j'ai été témoin d'un bon tour qu'on a joué aux gens de la cour les plus hypocrites. Aujourd'hui, on ne risque pas de les apercevoir, tant ils remâchent leur humiliation. Tant mieux, ils ont été bien attrapés !

Au moment du salut, en pleine après-dînée, tous les regards, comme d'habitude, étaient levés vers la tribune où le roi doit se tenir pour assister à l'office.

Les femmes avaient aussi pris le soin d'allumer de petites bougies qui sont destinées à éclairer leur livre de prière mais surtout à illuminer leur visage marqué par la piété la plus intense possible. Tout était prêt. Le roi tardait. On l'attendait. Dans la tribune apparut alors Brissac, le chef des gardes du corps. Il leva sa canne et ordonna :

– Gardes du roi, retirez-vous ; le roi ne viendra pas !

Longs murmures de déception dans les rangs. Bougies soufflées et ruée vers la porte de sortie. Le prêtre fit semblant de ne rien voir, et, stoïque, il continua à prier. Henriette et moi, nous nous sommes avancées vers l'autel, ainsi que la poignée de personnes restantes. À cet instant, Brissac revint et annonça comme un coup de tonnerre :

– Le roi !

Tous, nous avons levé les yeux pour voir paraître à la tribune, Louis en personne !

Dès que l'office fut achevé, Brissac lui raconta sa plaisanterie qui le fit éclater de rire. Les victimes, paraît-il, ne rêvent que d'une chose depuis hier : étrangler Brissac !

Il est mal de se réjouir du malheur des autres. Mais là, j'avoue que ça me fait bien rire.

⚜

Samedi 23 juin

Je viens d'aller rendre visite à M. Simon. En montant les escaliers, il m'a semblé que mes jambes étaient deux tas de chiffons ! J'ai pris soin de bien refermer la porte de ma chambre derrière moi car ce que je vais révéler ici ressort du plus grand secret. La tête me tourne tant cela me paraît incroyable... Mais, à bien y réfléchir, cela ne l'est pas tant que cela...

J'ose à peine l'écrire : M. Simon est protestant ! C'est vrai ! Il me l'a avoué ! Enfin, je dirais plutôt qu'il a été obligé de le faire...

Lorsque je suis entrée dans son officine, je l'ai cherché du regard un bon moment. Et pour cause ! Il était assis au pied de sa bibliothèque et disparaissait derrière un énorme livre ouvert sur ses genoux, absorbé par l'identification d'une plante déposée à côté de lui sur un petit plateau. Dans ce genre de situation, tout le monde sait ici qu'il faut se garder de lui adresser la parole et n'attendre qu'une seule chose : qu'il relève la tête... Au fil de mes visites, c'est une des leçons que j'ai apprises !

Bien silencieuse et assise sur un tabouret, j'ai sursauté quand il me demanda de prendre sous l'abattant de son bureau une règle graduée. Sacré M. Simon, il m'avait vue arriver, il savait que j'étais là !

Avec le plus grand empressement, j'ai exécuté son ordre. À l'aide d'une chandelle, j'ai cherché l'objet qu'il me réclamait en écartant de la main un fatras de feuilles de papier, de livrets, de cahiers cachant un livre ouvert assez épais. La lueur de la chandelle était trop faible, il m'était impossible de bien voir. En approchant la flamme du livre, j'eus un coup au cœur : stupéfaction. Une bible ! C'était imprimé en français et en toutes lettres en bas d'une des pages !

Le rouge commença à me monter aux joues. Je tournai la tête en direction de l'apothicaire mais, aussitôt, j'entendis son pas et son souffle court juste derrière moi. Son regard apeuré croisa le mien. Il saisit l'abattant de son bureau et l'abaissa d'un coup sec, pensant que je n'avais rien vu.

– Où ai-je la tête ? ma règle est là-bas ! dit-il en montrant de la main les étagères où étaient alignés les pots en faïence.

– Vo-votre bible, monsieur Simon, pouvez-vous me la prêter ? bredouillais-je à son oreille.

Il sursauta de stupeur, reprit sa respiration et posa sur moi de grands yeux écarquillés. Ainsi, j'avais percé son secret ! Semblait-il penser. Il resta un long moment silencieux et me pria de revenir lorsque tous ses apprentis seraient partis.

Ce que je fis. M. Simon prit la précaution de bien fermer la porte, de ne pas parler trop fort. Beaucoup moins crispé, il m'invita à m'asseoir et à parler...

Jusqu'au souper il me fit ses confidences. Je sentais bien qu'en ouvrant ainsi son cœur, il se libérait d'un poids qui lui semblait si lourd à porter ! Il m'avoua que sa famille était protestante depuis plus d'un siècle et qu'il ressentait une grande inquiétude à son sujet. Il y a un mois, il avait appris que des dragons logeaient chez sa sœur. Des soldats rustres qui mangeaient et buvaient tout ce que les celliers pouvaient contenir, en recourant si besoin à la violence pour forcer toute la maisonnée à se convertir. Rien qu'en évoquant ce sujet, les mains de M. Simon tremblaient et l'effroi creusait son visage.

10 heures du soir

Henriette vient de sortir d'ici heureusement, elle n'a pas prolongé sa visite...

– Toc, toc, toc ! Le roi donne un grand souper au Trianon ce soir, qui est suivi d'un bal. Une file de carrosses s'apprête à partir pour emmener tous les invités qui le veulent. Veux-tu venir, Angélique ?

Elle déclama tout cela derrière la porte : je n'ai même pas eu la présence d'esprit de lui ouvrir tant j'étais préoccupée par le secret que j'étais en train de révéler dans mon journal. Je plaçai tout sous la couverture de mon lit et fis la mine des mauvais jours en ouvrant ma porte.

– Tu tombes vraiment mal, Henriette ! J'ai une horrible migraine et il m'est impossible de mettre un pied devant l'autre...

Henriette m'a bien observée. Elle a poussé un soupir de déception mais elle n'a pas insisté...

Je peux alors reprendre le récit là où je l'avais laissé tout à l'heure.

M. Simon, après avoir parlé de lui, m'a posé beaucoup de questions. Il m'a confié qu'il connaissait mes origines depuis ma fameuse fièvre. Il m'invitait à la plus grande prudence, surtout en ce pays-ci, où on se plaisait à tout rapporter, à mêler le faux avec le vrai, à dresser les clans les uns contre les autres...

Puis, il est allé à son bureau, a relevé l'abattant et a pris la bible qu'il m'a tendue.

– Je vous la prête, Angélique, vous en ferez bon usage. Mais faites attention. Parcourez-la, lisez-la, méditez-la, vous me la rendrez lorsque vous le jugerez nécessaire...

Tant de générosité me toucha au plus haut point.

138

Avoir une bible était mon désir le plus cher et il était exaucé ! Je m'élançai vers lui et lui plantai un baiser sur la joue comme une fille aurait fait avec son père. Le visage de M. Simon, d'ordinaire si grave, prit une expression gênée puis s'illumina. Quant à moi, le livre serré sur mon cœur, je savourais ma joie. J'avais trouvé un confident avec lequel je pouvais parler en toute confiance. Je n'étais plus seule !

Jeudi 28 juin

*L*e temps est radieux, l'air soulève de chauds effluves : c'est l'été !

Depuis quelques jours, je me plais à déambuler dans les allées, à sautiller, à longer les bassins et à regagner aussi vite que je peux ma chambre. Pour quoi faire ? Dorine brûle de me le demander. Pour me plonger dans la lecture de la Bible, pardi !

J'y retrouve des bribes d'histoires racontées par Mlle de la Source quand elle m'enseignait le caté-chisme. Mais là, elles sont développées et prennent place dans des livres qui se succèdent un peu comme des chapitres. Une grande histoire en somme !

Je sursaute dès que j'entends un bruit : le piétine-ment de Dorine dans le couloir, le jaillissement de l'eau de la fontaine, les allées et venues... Je ferme aussitôt mon livre. Une bible écrite en français, imprimée à Genève, est forcément équivoque. Il n'y a que les protestants qui la lisent dans la langue de leur pays. Elle ne les quitte jamais. Elle est un peu comme un livre de chevet dont la seule présence suffit à rassurer.

Plus je réfléchis à mon attitude, et plus j'ai l'impression d'être entrée en clandestinité. Je cache ce journal. J'y révèle des secrets et je lis un livre, non pas interdit, mais un peu suspect par les temps qui courent. Et tout cela à la cour de France, au cœur du pouvoir royal, à la barbe du roi, champion du catholicisme ! J'en frémis rien que d'y penser !

Lundi 2 juillet

Les courtisans en sont tout émoustillés. Le mois de juillet qui commence va être riche en fêtes et réjouissances. Dans quelques jours, M. de Seignelay, secrétaire d'État à la Marine invite le roi et sa cour dans son domaine à Sceaux. À la fin du mois, aura lieu le mariage de la fille du roi, mademoiselle de Nantes avec le duc de Bourbon. Cette après-dînée, le marquis de Louvois, ministre de la Guerre, reçoit chez lui à Meudon...

Rien qu'en énumérant tous ces événements, je sens déjà les fourmis monter dans mes jambes et un ennui terrible me gagner. Car cela signifie pour nous, ceux qui font partie de la suite des gens les plus importants, des longues heures à attendre, à piétiner, à accompagner, à sourire, à se prosterner... Mais, heureusement, se trouvent blottis au fond de mon cœur tous mes petits secrets. Ils me réchauffent la poitrine, me donnent de la force et m'aident à supporter tous ces désagréments sans grande importance...

Jeudi 12 juillet

J'ai guetté M. Simon ce soir à sa sortie de l'officine. Vidée de ses employés, il m'a invitée à y entrer. Dès qu'il m'a regardée, j'ai lu une grande inquiétude sur son visage, et à peine étais-je assise qu'il m'a recommandé la plus extrême vigilance.

– Tout le monde épie tout le monde ici. Tout ce qui peut être sujet à caution risque d'être mal interprété. N'en dites pas trop à vos amies, à votre domestique et même à Madame, même si vous avez une confiance aveugle en elle. Elle a beaucoup d'amis mais aussi de nombreux ennemis, prêts à exploiter le moindre de ses faux pas. Prenez garde !

Il est resté un petit moment silencieux puis, il a repris :

– De source sûre, le roi s'apprête à prendre une mesure importante concernant le protestantisme dans le royaume. On ne connaît pas encore sa teneur mais je crois qu'il ne faut s'attendre à rien de bon, je dirais même au pire !

Son teint était tellement livide qu'il m'a fait peur. Suspendue à ses lèvres, j'étais incapable de lui poser la moindre question. Que fallait-il entendre par « pire » : dragonnades ? persécutions ? massacres ?

Depuis, ces trois mots ne cessent de tournoyer dans ma tête. J'ai beau vouloir les évacuer, je n'y parviens pas et cela me donne la nausée.

Dimanche 15 juillet

Angélique, tu as quatorze ans aujourd'hui ! Je n'arrête pas de me le dire depuis ce matin... Cela me gonfle le cœur de gaieté (quatorze ans, quelle fierté !) et en même temps, cela me tire les larmes des yeux. Qui d'autre que moi-même fêtera mon anniversaire ? Personne. Marraine n'est plus là. Tous ceux qui me connaissent l'ignorent.

*J*e suis allée un peu vite en besogne... Dorine, triom-
phante, l'œil pétillant, m'a apporté un paquet qu'un
garçon venait de lui livrer. Le cœur battant, je l'ai
ouvert avec précipitation. Des gaufrettes! Les
gaufrettes de Margotte! Quel bonheur! Dorine
battait des mains, heureuse de me voir dévorer à plei-
nes dents une de ces gâteries. Un petit papier plié en
quatre était noirci par une écriture grossière et hési-
tante (en aucun cas celle de Margotte, elle ne sait pas
écrire!) que j'ai réussi à déchiffrer.

*Votre marraine se porte bien. Ne vous inquiétez pas. Que
Dieu vous garde. Margotte*

Je suis émue aux larmes. Ma vue n'arrête pas de
se brouiller en relisant ces mots qui ont exigé tellement d'efforts à celui qui les a couchés sur le papier.
Je tourne et retourne dans tous les sens ces pâtisseries que ma chère Margotte a confectionnées avec
beaucoup de cœur sans oser les manger. Et enfin, je
pense à marraine... Moi qui étais persuadée qu'elle
m'avait oubliée! J'exulte de joie! Quelle bonne
nouvelle en ces temps tourmentés!

Mardi 17 juillet

*H*ier soir, ce fut une Madame bougonnante que nous (Henriette, Anne, la gouvernante et moi) avons escortée à Sceaux. Il est vrai que les sujets ne manquent pas pour être de si mauvaise humeur : la froideur du roi à son encontre, son cher pays, le Palatinat, qu'il cherche à annexer depuis que son frère est mort, et tout le cérémonial de ces fêtes qu'elle supporte de moins en moins.

– Quel ennui ! a-t-elle hurlé dans le carrosse qui nous éloignait de Versailles.

Même si j'étais écrasée contre la portière, je ne regrettais pas d'être là. Sur la route, des milliers de lanternes balisaient le chemin plongé dans la pénombre : c'était une vraie féerie ! Dans la voiture, Madame s'agitait, sans manquer d'user de son franc-parler.

À sa gouvernante, qui lui annonça un souper somptueux dans les jardins, elle répondit qu'elle préférait cent fois s'asseoir dans l'herbe entre amis, autour d'un panier de bonnes cochonnailles et de bouteilles de vin blanc sec !

Même si elle avait déclaré qu'elle allait s'ennuyer, elle afficha toute la soirée une mine réjouie et un sourire non feint qui montraient qu'elle était contente d'être là. Tout était magnifique : les jardins,

la cantate de Racine et de Lully chantée dans l'orangerie, le souper servi dans le parc illuminé par une
myriade de lumignons...

Nous regagnâmes Versailles vers les deux heures
après minuit. Madame, l'œil aussi vif qu'à neuf heures
du matin, colporta quelques bons mots de la soirée
pendant que nous luttions de toutes nos forces contre
le sommeil.

Mercredi 25 juillet

Les fêtes du mariage viennent de s'achever. Pendant
quelques jours, elles ont battu leur plein dans une
magnificence inégalée. La cour, stupéfaite, a applaudi
des deux mains devant tant de beauté, alors que moi,
j'avoue y avoir assisté avec une certaine distance,
voire de l'indifférence.

Tout a été réglé au détail près. Versailles, au dire
des vieux courtisans, n'avait jamais été aussi beau.
Il est vrai que la promenade des invités à bord de
gondoles, de chaloupes et de yachts, sur le canal au
son des timbales et des trompettes, avait de quoi
éblouir. Comme d'ailleurs le feu d'artifice tiré à l'ex-
trémité du Grand Canal. Liselotte et Philipe avaient
eu la permission d'y assister. Ils me serraient les

mains, intimidés et un peu effrayés par l'immense pyramide de feu qu'on y avait installée, où flambaient des milliers de torches. Elle était surmontée d'un gigantesque soleil de feu. Quand les fusées qui y étaient plantées partirent, la foule cria, hurla, trépigna de plaisir. Un tel spectacle ne pouvait que provoquer l'émerveillement !

Et les jeunes mariés, ceux que l'on était en train de fêter, que pensaient-ils ? En les observant, j'eus un peu le cœur serré. En dépit de leur belle mise, ils formaient un jeune couple bien étrange. Comment avait-on osé affubler cette ravissante fillette (elle n'a que douze ans) de ce duc de Bourbon, âgé de dix-sept ans, à la laideur repoussante ? Petit, bossu, une verrue plantée sous l'œil, n'était-il pas surnommé par les plus médisants « le singe vert » ? Quand on est la fille du roi, il est bien difficile de donner son avis et, encore plus, de s'opposer aux décisions prises au-dessus de sa tête...

Henriette m'avait fait promettre de rester avec elle au bal... Nous avons enchaîné les danses, invitées par des jeunes gens. Je n'y ai pas prêté attention. Plus exactement, je m'en suis bien gardée, vérifiant simplement que ce n'était pas Charles de Montmorin qui m'invitait...

144

Je pleure depuis hier soir, tant j'ai de la peine. Ma rose de Luther, la médaille que j'aimais tant, le seul objet laissé par maman, a disparu ! Je l'ai perdue ! Impossible de me résoudre à l'admettre ! Moi qui l'avais glissée sur ma poitrine, pour éviter précisément de l'égarer, elle est tombée ! Partie ! Envolée ! N'est-ce pas M. Simon qui m'avait recommandé de la mettre à l'abri lorsqu'il l'avait retrouvée dans ma chambre ? Je ne l'ai pas écouté. C'est de ma faute !

Si je réfléchis bien, c'est en dansant que je l'ai sûrement perdue...

Si c'est le cas, il m'est impossible d'aller demander si on l'a retrouvée : une rose de Luther, un symbole protestant à Versailles... C'est proprement inconcevable, voyons ! Sans parler des soupçons qui peuvent peser sur moi...

J'ai beau retourner le problème dans tous les sens, je n'y vois aucune solution... Et c'est bien cela qui me navre, qui m'attriste...

Une petite satisfaction, cependant : mes initiales S. B.... On se creusera peut-être longtemps la tête, mais personne ne parviendra à m'identifier. Mon premier prénom aura au moins servi, dans le cas présent, à quelque chose : me protéger.

Mercredi 1er août

Ce que je viens de vivre me glace le sang. J'hésite à le raconter car je sais depuis tout à l'heure que je suis épiée. Pire, je viens d'être démasquée...

J'écris lentement car ma main tremble et ma tête bourdonne. Mais je tiens à le rapporter, même si je continue à cette allure d'escargot. Peu à peu, je me calmerai et pourrai remettre ma tête en place, réfléchir à ce qui m'arrive.

À la hâte, mal réveillée, je suis sortie ce matin de ma chambre pour rejoindre Liselotte, comme Madame me l'avait hier demandé. Juste le temps de me rajuster, de tapoter sur les joues pour me donner bonne mine, et de glisser dans la poche intérieure de mon manteau ma bible (enfin, celle de M. Simon)... J'ai hésité un instant, mais la perspective de passer un long moment dans les jardins à l'abri des regards m'a décidée à la prendre.

À grandes enjambées, j'ai parcouru le couloir aussi vite que j'ai pu. Au pied de l'escalier, par scrupule, je marquai un temps d'arrêt pour m'assurer que le livre était toujours sur moi. Je tâtai le tissu de la poche de gauche, celui de la poche de droite... Rien, il n'y avait plus rien ! la bible avait disparu ! Mon cœur cognait dans ma poitrine, les jambes molles, je revins sur mes pas... Stupeur : un homme habillé en noir, dont je ne voyais que le dos, était en train de feuilleter mon livre et de le laisser tomber ostensiblement, avant de s'enfuir en courant... Que faisait-il là ? Que voulait-il ? Je crus que j'allais défaillir... C'était certain, il m'avait suivie... On me guettait !

J'ai plaqué le dos contre le mur pour reprendre mes esprits ! Puis, je me penchai pour ramasser le livre. C'était bien le mien. Une sueur froide me glaça le front. Quelle malédiction ! La rose de Luther était une perte irréparable à mes yeux, mais la bible de M. Simon était d'une tout autre importance. Sur la première page, elle portait son nom. Ce qui le compromettait en même temps que moi ! C'était très grave !

La gorge serrée, j'ai retrouvé Liselotte avec laquelle j'ai passé un moment bien troublé. Ensuite, les mains moites et la mort dans l'âme, je me suis dirigée vers l'officine. Il fallait bien que je l'apprenne à M. Simon !

– Notre maître est parti à Marly, mademoiselle ! m'annonça un des garçons. On ne sait quand il sera de retour...

Un soupir de soulagement s'échappa de ma poitrine. Mais mon angoisse reprit vite le dessus. Ce n'est que partie remise. Je sais qu'il me faudra le dire tôt ou tard à mon ami.

147

J'ai tout raconté à M. Simon. Avec calme, il m'a laissée parler. Pour me rassurer, il m'a dit que l'on connaissait ses origines protestantes, ici, à la cour. Il a reconnu qu'en ce moment, il était assez malvenu de les évoquer et de les étaler. J'ai bien senti qu'il était fort contrarié. Face à mon désarroi, il n'a pas voulu le laisser paraître.

– Vous devez redoubler de prudence, Angélique, c'est une obligation !

Il s'était rapproché de moi et son air était presque suppliant...

– Je ne sais qui s'intéresse à vous ainsi, mais vous avez tout intérêt à suivre ces conseils : fermez bien votre porte, ne laissez rien traîner dans votre chambre et rapportez la bible ici. C'est là qu'elle sera le mieux à l'abri. Venez la consulter le soir quand il vous plaira. Les temps sont de plus en plus troublés pour nous autres, protestants... Nous devons nous méfier !

En retranscrivant les propos de M. Simon, je viens de me rendre compte qu'il me considère comme une de ses coreligionnaires : « nous autres, protestants ». Eh bien, oui, je l'admets, je déclare être protestante !

Mercredi 8 août

Ma peur me tenaille le ventre et je sursaute au moindre pas dans le couloir. En tremblant, je sors mon journal de sa cachette, et il me faut faire beaucoup d'efforts pour me décider à écrire. Ouvrir la bible, tourner les pages et les lire, même si je me trouve dans l'officine de M. Simon... L'angoisse me paralyse de plus en plus. Surtout lorsque je m'interroge sur cet homme qui s'intéresse à moi et à mes lectures. Est-il un espion ? Madame m'a souvent répété qu'ils étaient légion ici, au palais. Est-ce un valet, un « garçon bleu » à la solde de la Maintenon ? Est-ce un intrigant qui agit pour le compte de Monsieur, cherchant à compromettre Madame dans une nouvelle cabale ? Je n'en sais fichtre rien ! Cela me donne le tournis et augmente encore plus mon inquiétude...

Jeudi 20 septembre

Quel plaisir ! Je reprends ce journal que j'ai délaissé depuis bien des jours... Il m'en a coûté, mais c'était une façon d'évacuer la peur qui m'avait complètement asséchée. À présent, je me sens un peu mieux, même si la situation a atteint son paroxysme. Chaque jour, on lit, on commente des bulletins de victoire comme si nous étions en état de guerre contre « l'État protestant » (invisible mais bien puissant) et il faut applaudir, s'exclamer de joie ! Il y a plus d'une semaine, on a annoncé à grands cris que tous les huguenots de la contrée de Bordeaux avaient été convertis, quelques jours auparavant ; ce fut le tour de la ville de Castres, puis Nîmes, Uzès, Lyon et, victoire suprême, le Poitou, une province entière...

M. Simon enrage, il ne décolère pas. Depuis bien longtemps, il a compris le stratagème. Selon lui, cela relève de la part du roi de la logique la plus simple et du cynisme le plus grand : s'il n'y a plus de protestants en ce royaume, pourquoi continuer à accepter que deux religions cohabitent ? Supprimons la protestante !

Mardi 25 septembre

Je ne vais pas écrire ce soir un long discours : ma chambre vient d'être fouillée ! Je l'ai retrouvée sens dessus dessous en fin d'après-dînée... Je n'ose même pas en parler à Dorine... Heureusement, mes cachettes n'ont pas été trouvées...

150

M. Simon m'a offert l'hospitalité dans son officine. Cela me soulage grandement car l'idée de dormir dans ma chambre est pour l'instant exclue. Comment pourrais-je y passer des nuits paisibles en sachant que mes affaires ont été touchées, brassées par des mains mal intentionnées ? Des frissons me parcourent le dos et ma gorge est serrée. J'ai si peur !

***

Jeudi 4 octobre

M. Simon est plein de générosité à mon égard : il fait tout ce qu'il peut pour rendre le petit coin de son officine le plus hospitalier possible pour moi le soir. Il roule une paillasse et dépose sur une petite table ce journal et sa bible qu'il a la précaution de cacher pendant la journée. Je préfère me plonger en ce moment dans la lecture du livre saint plutôt que d'écrire. Ici, je suis en permanence sur mes gardes, même si l'apothicaire me rassure. Le moindre bruit m'inquiète... Impossible d'écrire pour me confier : je ne me sens pas assez paisible.

Vendredi 12 octobre

*J*e viens de débusquer celui qui me cause tant de tracas depuis des semaines, mais cela n'apaise nullement ma peur... Il s'agit de Charles de Montmorin ! L'homme que j'aurais mieux fait de ne pas repêcher ! Oui, je l'écris parce que je le pense. Quand donc cessera-t-il de m'importuner ? Je suis hors de moi et, en même temps, je tremble. Son air est trop mauvais pour qu'il n'agisse qu'en simple amoureux éconduit et humilié. Il sert quelqu'un. J'en suis sûre ! Qui, diantre ?

Lorsque j'ai regagné ma chambre ce soir, la pénombre empêchait d'y voir distinctement. À peine ma porte ouverte, j'ai vu surgir une ombre tel un fantôme. Il m'a bousculée en croisant mon regard et a disparu, laissant les tiroirs de ma commode ouverts, mon écritoire en désordre, mon lit défait. Que cherche-t-il ? À présent que l'homme est identifié, il me semble que c'est encore bien pire qu'avant. L'angoisse me submerge par vagues. Que dois-je faire pour y échapper ?

Mardi 16 octobre

M. Simon en est certain. Il en a été informé dans le plus grand secret : la fameuse loi en préparation est prête. Ce n'est plus qu'une question d'heures pour qu'elle soit signée par le roi qui se trouve depuis des jours à Fontainebleau.

À en croire l'air d'intense gravité de mon ami, elle n'apportera rien de bon. Quoi exactement ? Je n'en sais rien.

Jeudi 18 octobre

On ne parle que de ça, aujourd'hui : il n'y a plus de religion protestante dans le royaume de France ! C'est le roi qui vient de le décider en cassant la grande œuvre de son ancêtre le bon roi Henri IV. L'édit de Nantes n'est plus. Il est révoqué. Que cela signifie-t-il ? ai-je demandé à M. Simon.

Que du malheur à ceux qui veulent rester protestants car tout leur sera interdit ! Les temples, le culte, les assemblées, tout ! En disant cela, il faisait les cent pas devant moi, dans la cour des Princes. Il m'a fait peur, il était tellement pâle.

19 heures

De ma chambre, j'écris ces lignes à la va-vite. Ce seront sans doute les dernières, ici. Je quitte Versailles dans le plus grand secret, d'ici quelques heures, avant le lever du jour, avec M. Simon. Une voiture nous attend. Il m'a proposé de me joindre à lui pour retrouver sa famille près de Montpellier.

– Elle doit être en danger et moi, je ne peux plus supporter le cynisme du roi. Ma place est auprès d'elle et non aux côtés de celui qui la persécute ! a-t-il déclaré en serrant le poing.

Voilà. Trop de pensées tournent dans ma tête pour que je puisse en coucher même une seule sur le papier. J'ai un pincement au cœur en pensant à ceux que je laisse : Dorine (je fais le moins de bruit possible pour qu'elle ne s'aperçoive de rien), Henriette et, surtout, Madame. Je sais qu'elle comprendra…

Adieu, ma chambre. Adieu, Versailles.

Épilogue

30 mars 1686

*P*ar quel miracle je peux tenir ce journal entre mes mains et écrire à la suite de ce jour fatidique du 18 octobre 1685 ? Je n'arrive pas à y croire... Comment la personne qui a noirci toutes ces pages, il y a quelques mois, est-elle devenue celle qui est en train de les parcourir en ce moment et d'en écrire une nouvelle aujourd'hui ?

Depuis mon départ de Versailles, bien des tumultes ont bouleversé ma vie. Ils m'ont conduite jusqu'ici où je me trouve à présent : Francfort-sur-le-Main, en Allemagne.

Les événements que j'ai vécus depuis ma fuite de la cour ont tant gravé ma mémoire que je peux les relater comme s'ils s'étaient déroulés hier...

Le voyage qui nous a conduits à travers le royaume fut interminable et bien éprouvant. M. Simon et moi étions sans cesse aux aguets. Les routes sont bourbeuses, peu sûres et, à tout moment, nous devions redouter le pire : une embardée dans une ornière ou bien une mauvaise rencontre. J'avais pris la précaution de glisser mon journal sous ma chemise : il me tenait chaud et sa présence me rassurait. D'étapes en étapes, d'auberges en auberges plus ou moins mal famées, nous avons fini par arriver près du village de M. Simon, non loin de Montpellier. En foulant le sol du Languedoc, nous avons respiré à pleins poumons. Je m'en souviens encore : l'air était chaud et chargé de tant de senteurs parfumées !

Dans le noir, nous avons parcouru une bonne lieue à pied pour atteindre le village sans attirer l'attention. Grand bien nous a pris ! En nous approchant de Flonac, des rumeurs semblaient gronder puis des cris de plus en plus forts qui déchiraient la nuit...

Réfugiés dans une grange délabrée, nous avons assisté à un spectacle que je ne suis pas prête d'oublier... Des dragons ivres, pareils à des soudards, entraient et venaient dans les maisons regroupées autour de la place centrale, la baïonnette menaçante au poing.

– C'est à boire qu'il nous faut ! Huguenots, ne laissez jamais un dragon sur sa soif ! disaient-ils en titubant.

Leurs visages étaient illuminés par le grand feu qui allongeait ses flammes au fur et à mesure qu'ils y jetaient des livres : des bibles et des psautiers débusqués dans les matelas, les meules de foin ou sous le plancher des maisons... Non loin de là, des huguenots, encadrés par une haie de soldats, venaient signer les uns après les autres leur acte d'abjuration en déclarant à voix haute, la mort dans l'âme : « Je me réunis ! »

M. Simon s'agitait. Dès qu'il parvenait à distinguer un visage, il pensait reconnaître un membre de sa famille... mais il espérait se tromper.

Le lendemain, les dragons avaient levé le camp et il put annoncer son arrivée. Nous nous sommes entassés dans la maison de sa vieille tante en laissant passer la fureur des jours qui ont suivi la révocation. Partout, il n'était question que de démolition de temples, de tortures, d'emprisonnements et de départs pour les galères. Je suis venue en aide comme j'ai pu : en assistant M. Simon qui a dû mettre en application ses connaissances médicales pour soulager les maux de tous ces malheureux.

Et puis, il y a eu cette assemblée clandestine à laquelle nous nous sommes rendus près d'Alès... Quelle émotion ! J'en frissonne encore. Pendant une nuit, nous avons marché pour atteindre à l'aube l'endroit qui avait été tenu secret jusqu'au dernier moment. Dans une ferveur intense, au milieu de centaines de personnes venant des quatre coins de la contrée, un prédicant a lu des passages de l'Écriture et nous avons tous entonné des psaumes... J'ai cru défaillir quand mon regard a croisé celui d'une femme dont la tête était enveloppée dans une capuche. Pendant un moment, j'ai lutté pour ne pas me laisser envahir par mon trouble. Mais ma vue s'est brouillée, mes jambes sont devenues molles… Juste le temps de balbutier : « Ma-Marr-aine ».

C'était elle, à deux pas de moi : « Marraine ! » hurlais-je avant de m'affaisser. Ouvrant peu après les yeux, je pus voir un visage marqué et amaigri se pencher vers moi. Marraine ! C'était bien elle, celle qui était en train de me serrer dans ses bras !

Un flot de larmes inonda mon visage et il me semblait que rien ne pourrait l'arrêter.

Quand l'assemblée s'est dispersée, il me fallut un bon moment pour reprendre des forces. Quelques jours, plus tard, elle vint me chercher à Flonac pour m'installer près d'elle au Mas Saint-Just, la propriété léguée par son oncle. Là, pendant quelques semaines, je dus réapprendre à vivre à ses côtés. Elle m'expliqua son absence. Elle me raconta comment l'horreur des persécutions la détourna de Versailles, la transforma jusqu'au point de se convertir à la religion protestante et la poussa à apporter son aide aux pauvres persécutés. Et puis, elle me parla de toutes ces lettres qu'elle m'avait envoyées et qui ne me parvinrent jamais, probablement interceptées par l'intendant du Languedoc ou bien le cabinet du roi.

Comme des milliers de huguenots, nous avons décidé de prendre le chemin de l'exil, tout en sachant que nous nous mettions hors la loi. Tout le long de notre fuite, grâce à un guide digne de confiance, nous avons fait halte dans des endroits sûrs : Privas, Lyon, Genève... Même s'il a fallu soudoyer fortement le garde-frontière, qui menaçait de nous dénoncer, nous sommes arrivées saines et sauves, ici, il y a quelques semaines, à un moment où il gelait à pierre fendre.

Nous avons été recueillies par une famille huguenote de Valence, installée ici depuis l'été dernier. La ville est austère, les gens aussi. Mais nous sommes libres et, chaque jour, la lecture de l'Écriture sainte fortifie notre âme.

Depuis quelque temps, l'air s'est adouci. De ma fenêtre, j'aperçois, les branches d'un cerisier en fleur.

Mon Dieu, comme c'est beau !

POUR ALLER PLUS LOIN

1685 : LE ROI-SOLEIL BRILLE DE MILLE FEUX

En cette année fastueuse où l'on n'avait jamais vu se dérouler autant de fêtes et de divertissements à Versailles, Louis XIV éblouit de son éclat un règne porté à son point le plus haut.

Son royaume n'a jamais été aussi puissant. Fort de ses vingt millions de sujets, il est le plus peuplé d'Europe et doté de nombreuses ressources. Ses collaborateurs dévoués et compétents, comme Colbert, ont jeté les bases d'une économie moderne. Les finances royales réorganisées sont mieux levées. L'industrie, à travers les manufactures fabriquant draps, tapisseries, glaces et armes, connaît son premier essor. Le commerce bénéficie du développement de la marine et du dynamisme des ports de l'océan Atlantique.

Après avoir lancé son armée – la première du monde – dans deux guerres victorieuses : la guerre de Dévolution en Flandre (1667-1668) et celle de Hollande (1672-1678), le roi peut se vanter d'être à la tête d'un royaume en paix et agrandi. L'annexion de la Franche-Comté à l'est ainsi qu'une série de places au nord et au nord-est lui assurent des frontières solides où veillent les forteresses réalisées par Vauban, à la tête d'un corps d'ingénieurs spécialisés.

En 1685, Louis XIV apparaît dans toute sa gloire, animé par une volonté de grandeur affirmée haut et fort. En pleine force de l'âge – il a quarante-sept ans –, il incarne plus que jamais le monarque absolu, exerçant pleinement son métier de roi. Il concentre entre ses mains tous les pouvoirs, décide de tout et sans appel, aidé de conseillers et d'intendants qui administrent en son nom la vie des provinces.

Le château de Versailles constitue le cadre grandiose de cette toute puissance. Mobilisant les plus grands talents, il est en perpétuel chantier depuis 1661 pour ne cesser d'être embelli et agrandi. Là, le Roi-Soleil se met en scène, entouré d'une cour brillante où se mêlent artistes, hommes de lettres, princes du sang, grands seigneurs et nobles. Pour tenir ces derniers sous sa coupe et leur faire perdre tout esprit de révolte, le souverain leur dispense faveurs, pensions et charges. Il leur offre bals, concerts et comédies pour les cantonner dans un rôle de parade ou les transformer en serviteurs de son bon plaisir.

L'Europe entière, éblouie, contemple ce déploiement de faste. Les ambassadeurs du monde entier se pressent pour venir se prosterner aux pieds du roi. La culture française et l'art de vivre qu'elle véhicule s'imposent peu à peu comme modèles.

Cependant, l'éblouissement de 1685 masque des ombres. Peu à peu, elles vont ternir et assombrir un règne qui va basculer dans des temps difficiles. Au nom du principe « un roi, une loi, une foi », Louis XIV, cette année-là, révoque l'édit de Nantes qui interdit le culte protestant. Au lieu de la cimenter, il brise l'unité du royaume en dressant contre lui une véritable opposition religieuse. Des milliers de protestants prennent le chemin de l'exil, emportant avec eux – et pour toujours – richesses, savoirs et techniques. À partir de 1686, la guerre menace. Les voisins se coalisent pour déclencher peu après deux nouveaux conflits (guerre de la Ligue d'Augsbourg et celle de Succession d'Espagne) qui épuisent le pays affaibli par les graves famines de 1693-1694 et de 1709-1710. À Versailles, la cour s'ennuie. Mme de Maintenon, épouse secrète du roi depuis 1683, impose un climat de dévotion stricte. Les deuils à répétition qui emportent une partie de la famille royale plongent dans la tristesse un roi vieillissant et souffrant. Un à un les rayons du Roi-Soleil s'éteignent... À sa mort, en 1715, peu de gens le pleurent. Reste un royaume fort et moderne au prestige débordant les frontières pour longtemps.

Quelques dates

14 mai 1643: mort de Louis XIII et accession au trône de son fils, Louis XIV.

9 mars 1661: mort du cardinal Mazarin. Le lendemain, le roi annonce sa volonté de gouverner seul.

16 novembre 1671: mariage de Philippe d'Orléans, frère du roi avec Charlotte-Élisabeth, fille du prince électeur du Palatinat.

1661-1685: mise en œuvre d'une politique restrictive envers les protestants.

1667-1668: guerre de Dévolution.

1668-1684: Le Vau, Hardouin-Mansart et d'Orbay lancent successivement des travaux d'agrandissement du château de Versailles.

1672-1678: guerre de Hollande.

1681: Louis de Marillac, intendant du Poitou, lance les premières dragonnades.

6 mai 1682: installation définitive du roi et de la cour à Versailles.

30 juillet 1683: mort de la reine Marie-Thérèse.

9-10 octobre 1683 : mariage secret du roi avec Mme de Maintenon.

15 mai 1685 : réception du doge de Gênes à Versailles

18 octobre 1685 : Édit de Fontainebleau révoquant l'édit de Nantes datant de 1598.

1689-1697 : guerre de la Ligue d'Augsbourg.

1693-1694 : famine.

1701-1713 : guerre de Succession d'Espagne.

9 juin 1701 : mort de Philippe d'Orléans.

1702-1704 : guerre des camisards, des révoltés protestants dans les Cévennes.

1709-1710 : famine.

1er septembre 1715 : mort de Louis XIV. Succession de son arrière-petit-fils, Louis XV, âgé de cinq ans.

GLOSSAIRE

abjurer : renier, renoncer à sa religion.

après-dînée : après-midi. Le dîner est le repas servi en milieu de journée vers midi.

cellier : pièces où l'on entrepose la nourriture.

certificat de baptême : en cas de malheur, il est indispensable. Il permet d'être inhumé religieusement.

coreligionnaire : celui qui pratique la même religion.

courroux : agitation.

doge : dirigeant des villes italiennes de Gênes et de Venise.

eau vulnéraire : lotion cicatrisante à base de plantes.

en ce pays-ci : expression désignant le château de Versailles et ses occupants.

faire ses dévotions : se rendre aux offices religieux.

galère : bateau qui avance grâce à l'action de rameurs qu'on appelle des galériens, des condamnés.

Grande Galerie : appelée aussi Galerie des Glaces.

justaucorps : sorte de tunique longue avec des poches basses et des manches longues et évasées portée par les courtisans.

lancette : instrument coupant et pointu servant à piquer une veine.

lieue : unité de mesure équivalant à environ 4 km.

livre d'heures : livre de prières lues à différentes heures de la journée.

logeant : celui qui a la chance d'habiter au château.

mascarade : divertissement donné à la cour par des personnages déguisés ou masqués jouant des scènes où se mêlent musique, danse et poésie.

massepain : petit gâteau à la pâte d'amandes.

Monseigneur : le Dauphin (1661-1711). Fils légitime unique du roi, appelé à lui succéder. En 1680, il épouse Marie-Anne Christine de Bavière, qui lui donne trois fils : Louis, duc de Bourgogne, Philippe, duc d'Anjou, futur Philippe V d'Espagne et Charles, duc de Berry. Il ne régnera pas. C'est son petit-fils, le futur Louis XV, âgé de cinq ans, qui monte sur le trône à la mort de Louis XIV.

passepied : danse de cour.

potager : petit fourneau servant à réchauffer la nourriture.

psaume : poème récité ou chanté de la Bible.

quinquina (ou «poudre anglaise ») : remède provenant de l'écorce d'un arbre d'Amérique du Sud, dit *quina-quina.*

simples : herbes servant à la préparation de médicaments.

Des livres et des films

À LIRE

La journée de Louis XIV, par Béatrix Saule, Actes Sud

Sur les traces de Louis XIV, par Thierry Aprile et Antoine Ronzon, Gallimard Jeunesse

Dictionnaire des rois et des reines de France, par Brigitte Coppin et Dominique Joly, Casterman

Versailles, la passion de Louis XIV, par Jean-Christian Petitfils, Timée-Éditions

À VOIR

Saint-Cyr, de Patricia Mazuy avec Isabelle Huppert, Jean-Pierre Kalfon et Jean-François Balmer

Vatel, de Roland Joffé avec Gérard Depardieu et Uma Thurman

Le roi danse, de Gérard Corbiau avec Benoît Magimel et Boris Terral

L'allée du roi (téléfilm), de Nina Companeez d'après le roman de Françoise Chandernagor

L'AUTEUR

Dominique Joly doit son amour de l'histoire à son père qui, dès qu'elle a su lire, lui a mis entre les mains des livres racontant les exploits des grands personnages historiques. Et c'est toujours animée par ce goût du passé qu'elle a commencé à publier des ouvrages pour la jeunesse : documentaires et romans historiques.

Le château de Versailles est pour elle une source d'inspiration inépuisable : ses époques, ses dédales, sa splendeur, la foule de personnalités et gens de peu qu'il a abrités. Elle l'a déjà mis en scène dans le journal de Louise Médréac, *Sous la Révolution française*, publié dans la même collection. Cette fois, au temps de Louis XIV, derrière les ors et les fastes de la cour, est abordé le sujet de l'intolérance religieuse vécue par les protestants.

Mon Histoire

CLÉOPÂTRE, FILLE DU NIL

JOURNAL D'UNE PRINCESSE ÉGYPTIENNE, 57-55 AVANT J.-C.

La nouvelle est arrivée. J'ai porté la tablette jusqu'à la fenêtre, brisé le sceau et lu le message. Mon père qui se cache depuis des semaines se trouve au port, prêt à embarquer pour Rome.

AU TEMPS DES MARTYRS CHRÉTIENS

JOURNAL D'ALBA, 175-178 APRÈS J.-C.

Nous devons redoubler de vigilance : si quelqu'un est dénoncé comme chrétien, la police le jette en prison. Des chrétiens ont même été torturés. Et la torture peut être étendue à l'entourage d'un chrétien ! Mon sang se glace...

PENDANT LA GUERRE DE CENT ANS

JOURNAL DE JEANNE LETOURNEUR, 1418

Tant qu'il me sera possible, j'écrirai tous les jours jusqu'à ce que cette maudite guerre finisse. S'il m'arrivait malheur, j'aimerais que mes parents retrouvent ce souvenir de moi.

AU TEMPS DE FRANÇOIS IER

JOURNAL D'ANNE DE CORMES, 1515-1516

Le roi François, sa mère, sa sœur, son épouse et toute la cour vont s'installer à Amboise. Il y a aura mille choses à observer et à décrire. En fait, j'ai bien de la chance d'avoir quinze ans en cette année 1515.

Mon Histoire

MARIE STUART
REINE D'ÉCOSSE À LA COUR DE FRANCE, 1553-1554

Catherine de Médicis a beau être la mère de mon futur époux, elle me montre peu de considération. Il n'y a pas assez de place pour deux reines dans un même pays, sans parler d'un palais.

NZINGHA
PRINCESSE AFRICAINE, 1595-1596

Me voici dans le jardin en train d'écrire dans la langue de notre pire ennemi. Si les mots ont un pouvoir magique, ils me serviront peut-être à préparer un plan pour chasser les Portugais de notre pays.

EN ROUTE VERS LE NOUVEAU MONDE
JOURNAL D'ESTHER WHIPPLE, 1620-1621

Terre en vue ! Nous nous précipitâmes sur le pont. Certes, le voyage avait duré soixante-cinq interminables journées, mais nous voilà arrivés. Ceci est le Nouveau Monde ; je m'en emplis les yeux pour la première fois.

L'ANNÉE DE LA GRANDE PESTE
JOURNAL D'ALICE PAYNTON, 1665-1666

Tante Nell est revenue toute pâle du marché. Elle a entendu deux hommes discuter : la semaine dernière, sept cents personnes sont mortes de la maladie. La peste s'est bel et bien installée à Londres.

DANS LA MÊME COLLECTION

Mon Histoire

À LA COUR DE LOUIS XIV

JOURNAL D'ANGÉLIQUE DE BARJAC, 1684-1685

Marraine m'a pris les mains en disant : « Angélique, vous allez être présentée à Madame, belle-sœur de notre roi. Vous devrez tenir votre rang et resterez attachée à Madame comme l'esclave à sa maîtresse. »

CATHERINE

PRINCESSE DE RUSSIE, 1743-1745

Mère s'est penchée : « L'impératrice Élisabeth vous a choisie, vous, ma pauvre fille ingrate, pour être la fiancée de Pierre. À moins que vous ne gâchiez vos chances, vous l'épouserez et un jour, vous régnerez tous deux sur la Russie. »

MARIE-ANTOINETTE

PRINCESSE AUTRICHIENNE À VERSAILLES, 1769-1771

J'ai à peine posé le pied dans la salle de réception que maman s'est précipitée vers moi. Elle m'a écrasée sur sa poitrine et m'a murmuré : « Antonia, tu vas te marier ! Tu vas devenir reine de France ! »

SOUS LA RÉVOLUTION FRANÇAISE

JOURNAL DE LOUISE MÉDRÉAC, 1789-1792

En écrivant ces lignes, je crois encore respirer l'odeur forte qui a enveloppé le centre de la ville. Elle provient de la Bastille, prise cet après-midi. Qui aurait pu s'imaginer que la fureur populaire s'attaquerait à un tel monument ?

Mon Histoire

LE SOURIRE DE JOSÉPHINE

JOURNAL DE LÉONETTA, 1804

Cela s'est passé si vite que je n'ai pas eu le temps vraiment d'être impressionnée avant d'arriver devant... l'Impératrice !

PENDANT LA FAMINE, EN IRLANDE

JOURNAL DE PHYLLIS MCCORMACK, 1845-1847

Horrible, la pourriture a réduit en pourriture presque toutes les pommes de terre ! « La maladie nous aura tous », a dit P'pa. J'ai eu la chair de poule. Qu'est-ce qu'on va devenir ? Sûr que si on paie pas notre loyer, on sera jetés dehors.

SISSI

JOURNAL D'ÉLISABETH, FUTURE IMPÉRATRICE D'AUTRICHE, 1853-1855

Je me suis réveillée au milieu de la nuit. Mon cœur battait à grands coups. Les mots de papa résonnaient en moi : « la future impératrice d'Autriche ».

JE SUIS UNE ESCLAVE

JOURNAL DE CLOTEE, 1859-1860

Liberté, c'est peut-être le premier mot que j'ai appris toute seule. Ici, les gens, ils prient, ils chantent pour la liberté. Mais c'est un mot qui me parle pas, que j'ai encore jamais pu voir.

Mon Histoire

LE TEMPS DES CERISES

JOURNAL DE MATHILDE, 1870-1871

Il y a quinze ans, une femme déposait aux Enfants-Trouvés un bébé de quelques jours. J'ai donc quinze ans. Et tant de rêves, tant de rêves dont je n'ose même pas parler.

À L'AUBE DU XXᴱ SIÈCLE

JOURNAL DE FLORA BONNINGTON, 1899-1900

Je ne veux pas faire mon entrée dans le monde. Je ne veux pas épouser un homme comme Archie Marsh, qui a plus de moustache que de cervelle. Je veux lutter pour les droits des femmes. Je veux faire quelque chose de ma vie!

S.O.S. TITANIC

JOURNAL DE JULIA FACCHINI, 1912

Le capitaine a posté des vigies à l'avant, avec mission de guetter les glaces à la dérive, ou le moindre signe du Titanic. Comment imaginer qu'à quelques milles d'ici un navire aussi énorme soit en perdition?

À L'AUBE DE LA RÉVOLUTION RUSSE

JOURNAL DE LIOUBA, 1916-1917

Ça va donc si mal à Petrograd? Et si oui, de qui doit-on avoir peur? Des pauvres qui meurent de faim ou des gens riches à la cour?

Mon Histoire

J'AI FUI L'ALLEMAGNE NAZIE

JOURNAL D'ILSE, 1938-1939

Si tout va bien, nous partirons bientôt pour Cuba ! Hitler a donné sa bénédiction à la décision de son ministre Goebbels de laisser les Juifs quitter librement l'Allemagne en échange de tous leurs biens.

DANS PARIS OCCUPÉ

JOURNAL D'HÉLÈNE PITROU, 1940-1945

C'est une honte : Pétain a appelé les Français à « collaborer avec les Allemands ». Et papa est prisonnier de ces gens avec qui il faudrait « collaborer » !

CRÉDITS PHOTOGRAPHIQUES

Couverture : Plan du labyrinthe de Versailles. Bibliothèque natio-
nale de France.

Mise en pages: Karine Benoit

Loi n° 49-956 du 16 juillet 1949
sur les publications destinées à la jeunesse

N° d'édition : 302523
Premier dépôt légal : juillet 2008
Dépôt légal: février 2016
ISBN : 978-2-07-061693-0
Imprimé en Italie par L.E.G.O. S.p.A., Lavis (TN)